工业和信息化高职高专“十三五”规划教材立项项目
高等职业教育**财经类**“十三五”规划教材

BASIC ACCOUNTING
EXERCISES AND TRAINING

基础会计习题与实训（附微课视频 第3版）

洑建红 郝福锦 主编
胡静 副主编

人 民 邮 电 出 版 社
北 京

图书在版编目（CIP）数据

基础会计习题与实训 : 附微课视频 / 沭建红，郝福锦主编. -- 3版. -- 北京 : 人民邮电出版社，2018.7（2020.8重印）
高等职业教育财经类“十三五”规划教材
ISBN 978-7-115-48350-8

Ⅰ. ①基… Ⅱ. ①沭… ②郝… Ⅲ. ①会计学—高等职业教育—教材 Ⅳ. ①F230

中国版本图书馆CIP数据核字(2018)第085339号

内 容 提 要

本书是《基础会计（附微课视频 第3版）》（书号：978-7-115-48378-2）的配套教材。本书分为两部分，第一部分根据主教材的内容体系，分模块提供各任务单元的练习题；第二部分是实务实训，按照会计工作过程分为填制与审核原始凭证、填制与审核记账凭证、登记会计账簿、编制会计报表、装订与保管会计档案5个实训项目。本书适用于基础会计实训课程的教学，也适用于采用项目导向、任务驱动形式的理论实践一体化的基础会计课程的教学。

本书可作为高等职业教育相关课程的教材，也可作为财会人员的岗位培训教材，还可作为财会工作者和经营管理人员的参考用书。

◆ 主　　编　沭建红　郝福锦
　副 主 编　胡　静
　责任编辑　李育民
　责任印制　焦志炜

◆ 人民邮电出版社出版发行　　北京市丰台区成寿寺路11号
　邮编　100164　　电子邮件　315@ptpress.com.cn
　网址　http://www.ptpress.com.cn
　北京鑫正大印刷有限公司印刷

◆ 开本：787×1092　1/16
　印张：9.75　　　　2018年7月第3版
　字数：208千字　　　　2020年8月北京第6次印刷

定价：32.00元

读者服务热线：(010)81055256　印装质量热线：(010)81055316
反盗版热线：(010)81055315
广告经营许可证：京东市监广登字 20170147 号

前　言

本书是《基础会计（附微课视频 第 3 版）》（书号：978-7-115-48378-2）的配套教材，以提高学生的实践能力、创新能力、就业能力和创业能力为目标，融“教、学、做”为一体，体现了“工学交替”“任务驱动”“项目导向”的教学思路，重点培养学生对经济现象的分析能力，力求更好地为“应用型人才”培养服务。

本书针对高职高专财经类和经管类专业学生所需会计基础知识而编写，并适度考虑了初级会计师考试的需要，努力使本书从内容选取到表现形式更贴近学生、贴近会计实务。全书分为练习题、实务实训两部分。

第一部分是基础会计练习题。其为按照《基础会计（附微课视频 第 3 版）》教材的结构精心编写的相应习题，目的是加强各个任务单元的技能训练，使学生能够更加深入地理解课程知识点，并提高分析应用能力。题型参照初级会计师考试题型，分为单项选择题、多项选择题、判断题、计算分析题。题目难度适中，客观题中较少出现综合性强、难度大的题目，有利于初学者学习，并可作为学生的课堂任务或课后任务。计算分析题具有一定的综合性，对分析应用能力要求较高，适用于课后针对初级会计师考试的提高巩固练习。

第二部分是实务实训。其以一个完整的业务核算案例为依托，根据会计工作过程分为填制与审核原始凭证、填制与审核记账凭证、登记会计账簿、编制会计报表、装订与保管会计档案 5 个实训项目。系统、完整的实训资料和实训环节，可以让学生完成整个业务核算过程，达到理解会计核算原理、掌握会计实务工作技能的目的。实务实训案例资料直观、真实，实训指导细致，要求明确，可作为基础会计实训课程的应用案例，也可作为理论与实务一体化基础会计课程的学生任务案例。

本书中出现的人名、地名、单位名称是作者根据模拟案例设计的需要虚构的，各种印鉴、票据等是作者根据实务资料仿制的，与任何人或单位无关。

本书第 1 版和第 2 版自出版以来，受到众多高职院校师生的欢迎。为了更好地满足广大高职院校学生学习的需要，作者结合近几年的教学改革实践和广大读者的反馈意见，以及会计职业技能考试的新动态，对本书内容进行了全面修订。

本书第 3 版的主要修订内容如下。

1. 练习题方面：结合 2019 年增值税税率调整后有关税法新规和新会计准则修订的要求，对涉税业务、固定资产清理业务进行了重点修订和更新。

2. 实务实训方面：按照新的增值税发票管理规定对涉及增值税发票开具的相关内容进行了修订，根据新修订的会计准则中有关财务报表的规范要求对财务报表编制的相关内容进行了修订。

3. 实务案例方面：规范了财务报表的项目与格式，使利润表按新修订的准则要求列示；结合税法新规和有关增值税发票开具的要求，对涉税业务凭证进行了全面更新；对业务凭证的相关内容进行了进一步完善。

本书由洑建红、郝福锦担任主编，由胡静担任副主编。第一部分的模块一、第二部分以及附录由洑建红编写，第一部分的模块二由郝福锦编写，第一部分的模块三由胡静编写，全书案例设计和凭证制作由洑建红负责。

由于编者水平有限，书中难免存在错误和不妥之处，敬请广大读者批评指正。

编　者

2019 年 5 月

目录

第一部分　练习题 · 1

模块一　现代会计记账原理 · 1
任务 1.1　了解会计工作 · 1
一、单项选择题 · 1
二、多项选择题 · 2
三、判断题 · 2
任务 1.2　设立会计账户 · 3
一、单项选择题 · 3
二、多项选择题 · 4
三、判断题 · 4
任务 1.3　识别会计要素 · 5
一、单项选择题 · 5
二、多项选择题 · 6
三、判断题 · 8
四、计算分析题 · 8
任务 1.4　利用会计等式记账 · 9
一、单项选择题 · 9
二、多项选择题 · 10
三、判断题 · 11
任务 1.5　利用借贷记账法记账 · 11
一、单项选择题 · 11
二、多项选择题 · 13
三、判断题 · 14
四、计算分析题 · 15
模块二　工业企业经济业务核算 · 16
任务 2.1　筹资过程业务核算 · 16
一、单项选择题 · 16
二、多项选择题 · 16
三、判断题 · 17
任务 2.2　供应过程业务核算 · 17
一、单项选择题 · 17
二、多项选择题 · 18
三、判断题 · 18
四、计算分析题 · 18
任务 2.3　生产过程业务核算 · 19
一、单项选择题 · 19
二、多项选择题 · 20
三、判断题 · 21
四、计算分析题 · 21
任务 2.4　销售过程业务核算 · 21
一、单项选择题 · 21
二、多项选择题 · 22
三、判断题 · 22
四、计算分析题 · 23
任务 2.5　利润核算 · 23
一、单项选择题 · 23
二、多项选择题 · 24
三、判断题 · 24
四、计算分析题 · 25
任务 2.6　利润分配核算 · 25
一、单项选择题 · 25
二、多项选择题 · 25
三、判断题 · 26
四、计算分析题 · 26
任务 2.7　其他经济业务的核算 · 26
一、单项选择题 · 26
二、多项选择题 · 28
三、判断题 · 29
四、计算分析题 · 30
模块三　会计工作实务 · 31
任务 3.1　填制审核原始凭证 · 31
一、单项选择题 · 31

二、多项选择题 · 33
三、判断题 · 33
任务 3.2　填制审核记账凭证 · 34
一、单项选择题 · 34
二、多项选择题 · 36
三、判断题 · 36
任务 3.3　设立和启用会计账簿 · 37
一、单项选择题 · 37
二、多项选择题 · 38
三、判断题 · 39
任务 3.4　登记日记账和明细账 · 39
一、单项选择题 · 39
二、多项选择题 · 40
三、判断题 · 41
任务 3.5　登记总分类账 · 41
一、单项选择题 · 41
二、多项选择题 · 42
三、判断题 · 43
任务 3.6　对账、错账更正与结账 · 43
一、单项选择题 · 43
二、多项选择题 · 44
三、判断题 · 45
任务 3.7　财产清查 · 45
一、单项选择题 · 45
二、多项选择题 · 46
三、判断题 · 47
四、计算分析题 · 48
任务 3.8　财产清查的账务处理 · 48
一、单项选择题 · 48
二、多项选择题 · 49
三、判断题 · 50
任务 3.9　编制财务会计报告 · 50
一、单项选择题 · 50
二、多项选择题 · 52
三、判断题 · 53
四、计算分析题 · 54

第二部分　实务实训 · 55
实训 1　填制与审核原始凭证 · 55
1.1　实训目标 · 55
1.2　实训内容 · 55
1.3　实训准备 · 55
1.4　实训指导 · 55
一、原始凭证的基本内容 · 55
二、原始凭证填写的基本要求 · 56
三、原始凭证数字填写规范 · 56
四、原始凭证日期填写规范 · 57
五、常用原始凭证的具体填制要求 · 57
六、原始凭证的审核要求 · 60
1.5　实训资料 · 61
实训 2　填制与审核记账凭证 · 63
2.1　实训目标 · 63
2.2　实训内容 · 63
2.3　实训准备 · 63
2.4　实训指导 · 63
一、记账凭证的种类 · 63
二、记账凭证的基本内容 · 64
三、填制记账凭证的基本要求 · 64
四、专用记账凭证的具体填写要求 · 65
2.5　实训资料 · 66
实训 3　登记会计账簿 · 66
3.1　实训目标 · 66
3.2　实训内容 · 67
3.3　实训准备 · 67
3.4　实训指导 · 67
一、启用会计账簿 · 67
二、设置会计账簿 · 68
三、登记会计账簿的一般规则 · 69
四、登记日记账 · 69
五、登记明细账 · 70
六、登记总分类账 · 71
七、对账 · 72
八、错账更正 · 73
九、结账 · 74
3.5　实训资料 · 75
实训 4　编制会计报表 · 75
4.1　实训目标 · 75
4.2　实训内容 · 75
4.3　实训准备 · 75

4.4 实训指导 · 75
一、编制资产负债表 · 75
二、编制利润表 · 76
4.5 实训资料 · 77
实训 5 装订与保管会计档案 · 77
5.1 实训目标 · 77
5.2 实训内容 · 77
5.3 实训准备 · 77
5.4 实训指导 · 77
一、会计凭证的整理 · 78
二、会计凭证的装订 · 78
三、活页式明细分类账簿的装订 · 79
四、财务会计报表的装订 · 80
五、会计档案的移交 · 80
六、会计档案的保管 · 80
5.5 实训资料 · 80
附录 · 81
附录 A 经济业务案例 · 81
一、企业概况 · 81
二、D 市美家整体衣柜有限公司 2018 年 12 月初期资料 · 82
三、其他资料 · 85
四、2018 年 12 月经济业务资料 · 85
附录 B 原始凭证资料 · 145
参考文献 · 148

第一部分 练习题

模块一 现代会计记账原理

任务 1.1 了解会计工作

一、单项选择题

1. 会计的本质是（　　）。
   A. 核算　　B. 监督　　C. 管理活动　　D. 资金运动
2. 会计以（　　）为主要计量单位。
   A. 实物　　B. 货币　　C. 劳动量　　D. 价格
3. 会计的基本职能一般包括（　　）。
   A. 会计计划与会计决策　　B. 会计预测与会计控制
   C. 会计控制与会计决策　　D. 会计核算与会计监督
4. 以货币为主要计量单位，通过确认、计量、记录、报告等环节，对特定主体的经济活动进行记账、算账、报账，为各有关方面提供会计信息的会计功能称为（　　）。
   A. 会计核算职能　　B. 会计监督职能　　C. 会计控制职能　　D. 会计预测职能
5. 会计人员在进行会计核算的同时，对特定主体经济活动的合法性与合理性进行审查的职能称为（　　）。
   A. 会计控制职能　　B. 会计核算职能　　C. 会计监督职能　　D. 会计分析职能
6. （　　）界定了从事会计工作和提供会计信息的空间范围。
   A. 会计职能　　B. 会计对象　　C. 会计内容　　D. 会计主体
7. 会计核算和监督的内容是特定主体的（　　）。
   A. 经济活动　　B. 实物运动　　C. 资金运动　　D. 经济资源
8. 下列选项中，（　　）不属于会计核算的内容。
   A. 赊销商品　　B. 赊购机器设备
   C. 制订下一年度广告费开支计划　　D. 从仓库发出材料
9. 在我国，会计期间按（　　）确定。
   A. 公历起讫日期
   B. 农历起讫日期
   C. 学校自 9 月 1 日起，到下一年的 8 月 31 日止
   D. 企业需要

10. 企业在生产经营过程中将按照既定的用途使用资产和既定的合约条件清偿债务，会计人员在此基础之上选择会计原则和方法，是基于（　　）假设。

A. 会计主体　　B. 持续经营　　C. 会计分期　　D. 货币计量

11. 在货币计量前提下，我国企业的会计核算可以选用一种外币作为记账本位币，但其编制的财务会计报告应折算为（　　）反映。

A. 记账本位币　　B. 功能货币　　C. 人民币　　D. 某种外币

12. 会计核算工作的起点是（　　）。

A. 登记账簿　　B. 成本计算

C. 填制和审核会计凭证　　D. 编制会计报表

13.（　　）是会计核算的中间环节。

A. 填制和审核会计凭证　　B. 进行成本计算

C. 登记账簿　　D. 编制财务会计报告

14. 会计工作的最终环节是（　　）。

A. 复式记账　　B. 填制记账凭证　　C. 编制会计分录　　D. 编制会计报表

15. 企业的资金从成品资金转化为货币资金是企业生产经营过程中的（　　）。

A. 采购过程　　B. 生产过程　　C. 销售过程　　D. 投资过程

二、多项选择题

1. 会计监督职能是指会计人员在进行会计核算的同时，对经济活动的（　　）进行审查。

A. 合法性　　B. 合理性　　C. 时效性　　D. 盈利性

2. 下列项目中，属于会计基本假设的有（　　）。

A. 会计主体　　B. 持续经营　　C. 会计分期　　D. 货币计量

3. 下列项目中，可以作为一个会计主体进行核算的有（　　）。

A. 母公司　　B. 分公司

C. 母公司和子公司组成的企业集团　　D. 销售部门

4. 会计期间可以分为（　　）。

A. 月度　　B. 季度　　C. 年度　　D. 半年度

5. 会计期间通常分为年度和中期，中期财务会计报告包括（　　）。

A. 周报　　B. 月报　　C. 季报　　D. 年报

6. 下列说法中，正确的有（　　）。

A. 会计核算过程中以货币为主要计量单位

B. 我国企业的会计核算只能以人民币为记账本位币

C. 业务收支以外币为主的单位可以选择某种外币作为记账本位币

D. 在境外设立的中国企业向国内报送的财务报告，其金额应当折算为人民币

7. 下列项目中，属于会计核算方法的有（　　）。

A. 成本计算　　B. 会计分析　　C. 复式记账　　D. 登记账簿

8. 会计主体发生的一切经济业务，都要依次经过的基本核算环节有（　　）。

A. 成本计算　　B. 编制会计报表　　C. 填制审核凭证　　D. 登记账簿

三、判断题

1. 会计是指以货币为主要计量单位，反映和监督一个单位经济活动的经济管理工作。（　　）

2. 会计的职能只有两个，即会计核算与会计监督。（　　）

3. 会计核算和会计监督的内容是企业发生的所有经济活动。（ ）

4. 会计的监督职能是指会计人员在进行会计核算的同时，对特定会计主体经济活动的合法性、合理性进行审查。（ ）

5. 会计监督不仅体现在对过去的经济业务进行监督，还体现在对业务发生过程和发生之前进行监督，包括事前、事中和事后监督。（ ）

6. 特定主体能够以货币表现的经济活动都是会计对象。（ ）

7. 会计主体是指企业法人。（ ）

8. 确定会计主体是进行会计核算的前提之一，一个企业可以根据具体情况确定一个或若干个会计主体。（ ）

9. 我国企业会计采用的计量单位只有一种，即货币量度。（ ）

10. 在我国境内设立的企业，会计核算都必须以人民币为记账本位币。（ ）

任务 1.2 设立会计账户

一、单项选择题

1. （ ）不是设置会计科目的原则。
   A. 重要性原则　B. 合法性原则　C. 相关性原则　D. 实用性原则

2. 科目之间最本质的差别在于（ ）。
   A. 反映的经济用途不同　B. 反映的经济内容不同
   C. 反映的结构不同　D. 反映的格式不同

3. 按现行会计制度，下列项目中属于会计科目的是（ ）。
   A. 应付购货款　B. 投入资本　C. 现金　D. 利润分配

4. 会计科目按其（ ）不同，分为总分类科目和明细分类科目。
   A. 反映的会计对象　B. 反映的经济业务
   C. 归属的会计要素　D. 提供信息的详细程度及其统驭关系

5. 二级科目是介于（ ）之间的科目。
   A. 总分类科目和明细分类科目　B. 总账与明细账
   C. 总分类科目　D. 明细分类科目

6. 会计科目和账户之间的联系是（ ）。
   A. 结构相同　B. 格式相同　C. 内容相同　D. 互不相关

7. 账户的基本结构是指（ ）。
   A. 账户的具体格式　B. 账户登记的方向
   C. 账户登记的日期　D. 账户中登记增减金额等的栏次

8. 账户余额按照表示的时间不同，分为（ ）。
   A. 期初余额　B. 期末余额
   C. 本期增加发生额和本期减少发生额　D. 期初余额和期末余额

9. 某账户的期初余额为 1 000 元，本期增加发生额为 2 000 元，本期减少发生额为 3 000 元，则期末余额为（ ）元。
   A. 1 000　B. 3 000　C. 0　D. 2 000

10. 某账户的期初余额为 500 元，期末余额为 3 000 元，本期减少发生额为 800 元，则本期增加发生额为（ ）元。
   A. 4 300　B. 2 200　C. 1 700　D. 3 300

二、多项选择题

1. 明细分类科目（ ）。

A. 也称一级会计科目　　B. 是进行明细分类核算的依据
C. 提供更加详细、具体的指标　　D. 是对总分类科目核算内容详细分类的科目

2. 下列有关总分类科目和明细分类科目关系的表述中，正确的有（ ）。

A. 总分类科目对明细分类科目具有统驭控制作用
B. 明细分类科目对总分类科目具有补充说明作用
C. 总分类科目与其所属明细分类科目在总金额上应当相等
D. 总分类科目与明细分类科目提供信息的详细程度不同

3. 下列表述中，正确的有（ ）。

A. 所有总分类科目都要设置明细分类科目　　B. 科目是设置账户的依据
C. 科目有一定的格式和结构　　D. 二级科目属于明细分类科目

4. 账户一般可以提供的金额指标有（ ）。

A. 期初余额　　B. 本期增加发生额　　C. 期末余额　　D. 本期减少发生额

5. 下列等式中，错误的有（ ）。

A. 期初余额=本期增加发生额+期末余额-本期减少发生额
B. 期末余额=本期增加发生额+期初余额-本期减少发生额
C. 期初余额=本期减少发生额+期末余额-本期增加发生额
D. 期初余额=本期增加发生额-期末余额-本期减少发生额

6. 下列项目中，属于账户基本结构内容的有（ ）。

A. 账户的名称　　B. 增减金额及余额　　C. 记账凭证的编号　　D. 经济业务的摘要

7. 下列账户的4个金额要素中，属于本期发生额的是（ ）。

A. 期初余额　　B. 本期增加金额　　C. 本期减少金额　　D. 期末余额

8. 下列关于账户的表述中，正确的有（ ）。

A. 账户是根据会计科目开设的　　B. 账户具有一定格式和结构
C. 设置账户是会计核算的重要方法之一　　D. 一级账户以下的账户均称为明细账户

三、判断题

1. 所有的账户都是依据会计科目开设的。（ ）
2. 企业只能使用国家统一的会计制度规定的会计科目，不得自行增减或合并。（ ）
3. 设置会计科目的相关性原则是指所设置的会计科目应当符合国家统一的会计制度的规定。（ ）
4. 总分类科目与其所属的明细分类科目的核算内容相同，但前者提供的信息比后者更加详细。（ ）
5. 对于明细分类科目较多的总分类科目，可在总分类科目与明细分类科目之间设置二级或多级科目。（ ）
6. 由于企业资产、负债、成本、费用等业务内容复杂多样，为方便管理，明细分类账户的设置越细越好。（ ）
7. 二级科目（子目）不属于明细分类科目。（ ）
8. 账户中上期的期末余额转入本期，即为本期的期初余额。（ ）
9. 账户的本期发生额是动态资料，而期末余额与期初余额是静态资料。（ ）

10. 会计科目和会计账户的口径一致，性质相同，都具有一定的格式或结构，所以在实际工作中，对会计科目和会计账户不加以严格区分。（　　）

任务 1.3　识别会计要素

一、单项选择题

1.（　　）是对会计对象进行的基本分类，是会计对象的具体化。

A. 经济活动　B. 会计科目　C. 会计要素　D. 会计账簿

2. 会计科目是指对（　　）的具体内容进行分类核算的项目。

A. 经济业务　B. 会计要素　C. 会计账户　D. 会计信息

3. 关于会计科目，下列说法中不正确的是（　　）。

A. 会计科目是对会计要素的具体内容所做的进一步分类

B. 会计科目按所提供信息的详细程度及其统驭关系不同，分为总分类科目和明细分类科目

C. 会计科目只需根据企业的具体情况自行设定

D. 会计科目的设置应遵循国家统一的会计制度的规定

4. 下列属于企业流动资产的是（　　）。

A. 存货　B. 厂房　C. 机器设备　D. 专利权

5. 下列属于资产项目的是（　　）。

A. 原材料　B. 预收账款　C. 实收资本　D. 资本公积

6. 以下应作为债权处理的项目是（　　）。

A. 其他应收款　B. 预收账款　C. 应付账款　D. 应交税费

7. 下列会计科目中，属于负债的是（　　）。

A. 应付账款　B. 预付账款　C. 应收账款　D. 管理费用

8. 所有者权益在数量上等于（　　）。

A. 全部资产减去全部负债后的净额　B. 所有者的投资

C. 实收资本与资本公积之和　D. 实收资本与未分配利润之和

9. 某企业的所有者权益为 25 万元，即（　　）。

A. 该企业的注册资本为 25 万元　B. 该企业的净资产总额为 25 万元

C. 该企业的全部投入资本为 25 万元　D. 该企业的资产总额和权益总额均为 25 万元

10. 资本溢价是指所有者投入资本中超过（　　）的部分。

A. 全部资本　B. 注册资本　C. 资本公积　D. 盈余公积

11. 下列项目中，属于所有者权益的是（　　）。

A. 长期借款　B. 银行存款　C. 预收账款　D. 实收资本

12. 我们一般将企业所有者权益中的盈余公积和未分配利润称为（　　）。

A. 实收资本　B. 资本公积　C. 留存收益　D. 所有者权益

13. 企业在日常活动中形成的，会导致所有者权益增加的，与所有者投入资本无关的经济利益的总流入称为（　　）。

A. 资产　B. 利得　C. 收入　D. 利润

14. 在企业非日常活动中发生的，会导致所有者权益减少的，与向所有者分配利润无关的经济利益的流出称为（　　）。

A. 费用　B. 损失　C. 负债　D. 所有者权益

15. 下列各项中，不属于收入要素内容的是（　　）。

A. 销售商品取得的收入　　B. 提供劳务取得的收入
C. 出租固定资产取得的收入　　D. 营业外收入

16. 下列各项中，不属于费用要素内容的是（　　）。

A. 销售费用　　B. 管理费用　　C. 财务费用　　D. 预付账款

17. 成本是企业为生产产品、提供劳务而发生的各种耗费，是（　　）的费用。

A. 加总计算　　B. 计算分析　　C. 对象化了　　D. 日常核算

18. 采用权责发生制核算时，下列业务中能确认为当期费用的有（　　）。

A. 支付下年的报纸和杂志费　　B. 预提本月短期借款利息
C. 预付下季度房租　　D. 支付上月电费

19. 某企业10月份销售A产品一批，价款20 000元，款未收；销售B产品一批，取得转账支票一张，价款8 000元；收到9月份所欠货款5 000元。按权责发生制确定该企业10月份的销售收入应为（　　）元。

A. 25 000　　B. 28 000　　C. 8 000　　D. 5 000

20. “预收账款”科目按其所反映的经济业务内容的不同，属于（　　）类科目。

A. 资产　　B. 负债　　C. 所有者权益　　D. 成本

21. “资本公积”科目按其所反映的经济业务内容的不同，属于（　　）类科目。

A. 资产　　B. 负债　　C. 所有者权益　　D. 损益

22. “主营业务收入”科目按其所反映的经济业务内容的不同，属于（　　）类科目。

A. 资产　　B. 所有者权益　　C. 成本　　D. 损益

23. “管理费用”科目按其所反映的经济业务内容的不同，属于（　　）类科目。

A. 资产　　B. 所有者权益　　C. 成本　　D. 损益

24. “制造费用”科目按其所反映的经济业务内容的不同，属于（　　）类科目。

A. 资产　　B. 负债　　C. 损益　　D. 成本

25. 下列会计科目中，（　　）属于负债类科目。

A. 预收账款　　B. 预付账款　　C. 财务费用　　D. 资本公积

26. “应交税费”科目属于（　　）类会计科目。

A. 所有者权益　　B. 资产　　C. 负债　　D. 损益

27. 下列会计科目中，（　　）属于所有者权益类科目。

A. 盈余公积　　B. 财务费用　　C. 预收账款　　D. 固定资产

28. 下列会计科目中，（　　）属于成本类科目。

A. 其他业务成本　　B. 生产成本　　C. 管理费用　　D. 主营业务成本

29. 下列会计科目中，（　　）属于损益类科目。

A. 生产成本　　B. 利润分配　　C. 制造费用　　D. 主营业务成本

30. 企业为了正确确定收入、费用的归属期和正确确定各个会计期间的财务成果，应采用（　　）作为记账基础。

A. 收付实现制　　B. 权责发生制　　C. 永续盘存制　　D. 岗位责任制

二、多项选择题

1. 下列选项中，（　　）属于反映企业财务状况的静态要素。

A. 资产　　B. 负债　　C. 利润　　D. 所有者权益

2. 下列选项中，(　　)属于反映企业经营成果的动态要素。
A. 收入　B. 费用　C. 利润　D. 负债
3. 下列关于资产的叙述中，正确的有(　　)。
A. 由过去的交易或事项形成　B. 必须由企业拥有
C. 预期会给企业带来经济利益　D. 由企业拥有或控制
4. 下列选项中，(　　)属于资产要素的项目。
A. 无形资产　B. 材料采购　C. 预收账款　D. 预付账款
5. 下列各项中，属于流动资产的有(　　)。
A. 专利权　B. 低值易耗品　C. 预付账款　D. 包装物
6. 下列项目中，属于非流动资产的有(　　)。
A. 固定资产　B. 长期股权投资　C. 无形资产　D. 存货
7. 下列各项中，企业能够确认为资产的有(　　)。
A. 已经收到发票，但尚在运输途中的购入原材料
B. 融资租入的设备
C. 经营租出的设备
D. 预付的购货款
8. 下列选项中，(　　)属于负债要素的特点。
A. 负债是由现在的交易或事项所引起的偿债义务
B. 负债是由过去的交易或事项所形成的现时义务
C. 负债是由将来的交易或事项所引起的偿债义务
D. 负债将会导致经济利益流出企业
9. 下列选项中，(　　)属于长期负债。
A. 长期应付款　B. 长期借款　C. 其他应付款　D. 应付债券
10. 下列选项中，(　　)属于流动负债。
A. 预收账款　B. 预付账款　C. 应交税费　D. 应付债券
11. 下列选项中，(　　)属于负债要素的项目。
A. 短期借款　B. 预收账款　C. 预付账款　D. 应交税费
12. 下列选项中，属于所有者权益来源的有(　　)。
A. 所有者投入的资本　B. 本期实现的利润
C. 留存收益　D. 收回的货款
13. 下列选项中，属于所有者权益的有(　　)。
A. 实收资本　B. 盈余公积　C. 资本公积　D. 未分配利润
14. 以下各项中，属于收入要素的有(　　)。
A. 主营业务收入　B. 投资收益　C. 其他业务收入　D. 营业外收入
15. 采用权责发生制基础时，下列业务中能确认为当期收入的有(　　)。
A. 预收购货方货款　B. 销售商品，货款尚未收到
C. 销售商品，同时收到货款　D. 收到以前年度的销货款
16. 下列选项中，属于费用要素特点的有(　　)。
A. 在企业日常活动中发生　B. 会导致所有者权益减少
C. 与向所有者分配利润无关　D. 会导致经济利益流出企业

17. 支出包括企业（ ）。

A. 生产经营活动中的费用　　B. 正常生产经营活动以外的损失

C. 生产经营活动中的损失　　D. 正常生产经营活动以外的费用

18. 企业的收入可能会导致（ ）。

A. 现金的增加　　B. 银行存款的增加

C. 企业其他资产的增加　　D. 企业负债的减少

19. 下列选项中，属于费用要素的有（ ）。

A. 管理费用　　B. 预付账款　　C. 材料采购　　D. 销售费用

20. 总分类账户与其所属的明细分类账户平行登记的要点包括（ ）。

A. 所依据的会计凭证相同

B. 借贷方向相同

C. 所属会计期间相同

D. 记入总分类账户与其所属明细分类账户的金额合计相等

三、判断题

1. 会计要素中，既有反映财务状况的要素，又有反映经营成果的要素。（ ）

2. 对会计要素的具体内容进行分类核算的项目称为会计科目。（ ）

3. 资产是指由企业现时的交易或者事项形成的，由企业拥有或者控制的，预期会给企业带来经济利益的资源。（ ）

4. 企业只有拥有某项财产物资的所有权，才能将其确认为资产。（ ）

5. 资产包括固定资产和流动资产两部分。（ ）

6. 各项借款、应付和预付款项都是企业的债务。（ ）

7. 所有者权益是指企业投资人对企业资产的所有权。（ ）

8. 与所有者权益相比，负债一般有规定的偿还期，而所有者权益没有。（ ）

9. 与所有者相比，债权人无权参与企业的生产经营、管理和收益分配，而所有者则相反。（ ）

10. 企业的资本公积和未分配利润也称为留存收益。（ ）

11. 只要有经济利益流入，就是企业的收入。（ ）

12. 成本是企业为生产产品、提供劳务而发生的各种耗费，因而企业发生的各项费用都是成本。（ ）

13. 生产成本及主营业务成本都属于成本类科目。（ ）

14. 销售费用、管理费用和制造费用都属于损益类科目。（ ）

15. 预收账款属于资产类科目，而制造费用属于成本类科目。（ ）

四、计算分析题

丽丰公司某年6月发生以下几项业务。

（1）销售商品一批，总售价72 000元，货款已收讫，该批商品的成本为65 000元；

（2）预收货款24 000元，已存入银行，商品将在下月交付；

（3）以银行存款预付下季度仓库租金10 800元；

（4）销售商品一批，总售价84 000元，货物已发出，发票已开具，销货合同约定货款将于下月结算，该批商品的成本为70 000元；

（5）以银行存款支付本月水电费3 000元；

（6）以银行存款支付本年度第二季度短期借款利息 12 000 元；

（7）当年 3 月份已预付本年度第二季度的财产保险费 6 000 元。

要求：分别采用权责发生制和收付实现制计算 6 月份净损益。

任务 1.4 利用会计等式记账

一、单项选择题

1. 最基本的会计等式是（　　）。

A. 资产=负债+所有者权益

B. 期初余额+本期增加额-本期减少额=期末余额

C. 收入-费用=利润

D. 资产=负债+所有者权益+（收入-费用）

2. 下列会计等式中，错误的（指会计等式没有经济意义）是（　　）。

A. 资产=负债+所有者权益　　B. 收入-费用=利润

C. 资产=所有者权益+负债　　D. 资产=负债+所有者权益+收入-费用

3. 广义的权益一般包括（　　）。

A. 资产和所有者权益　　B. 债权人权益和所有者权益

C. 所有者权益　　D. 资产和债权人权益

4. 一个企业的资产总额与权益总额（　　）。

A. 必然相等　　B. 有时相等　　C. 不会相等　　D. 只有在期初时相等

5. 下列选项中，（　　）会引起资产和负债同时减少。

A. 从银行提取现金　　B. 赊购材料

C. 用银行存款偿还银行借款　　D. 通过银行收到应收账款

6. 一项资产增加，并且一项负债也增加的经济业务发生后，会使资产总额与权益总额（　　）。

A. 发生同增的变动　　B. 发生同减的变动　　C. 不会变动　　D. 发生不等额变动

7. 某企业月初权益总额为 80 万元，假定本月仅发生一笔以银行存款 10 万元偿还银行借款的经济业务，则该企业月末资产总额为（　　）万元。

A. 80　　B. 90　　C. 100　　D. 70

8. 下列经济业务中，只能引起同一个会计要素内部增减变动的业务是（　　）。

A. 取得借款，将其存入银行　　B. 用银行存款偿还前欠货款

C. 用银行存款购买材料　　D. 赊购原材料

9. 下列经济业务中，会引起资产类项目和负债类项目同时增加的是（　　）。

A. 从银行提取现金　　B. 用银行存款偿还企业的银行短期借款

C. 赊购原材料　　D. 接受投资者投入的现金资产

10. 某公司期初资产总额为 20 000 元，当期期末负债总额比期初减少 20 000 元，期末所有者权益比期初增加 60 000 元，则该企业期末资产总额为（　　）元。

A. 1 80 000　　B. 200 000　　C. 240 000　　D. 260 000

11. 下列经济业务中，可引起所有者权益项目此增彼减的是（　　）。

A. 以短期借款直接偿还应付账款　　B. 以银行存款支付投资者利润

C. 接受固定资产捐赠　　D. 经批准将盈余公积转增资本

12. 当一项经济业务只涉及负债要素发生增减变化时，会计等式两边的金额（ ）。

A. 同增　　B. 同减
C. 不变　　D. 一边增加，一边减少

13. 某公司资产总额为60 000元，负债总额为30 000元，以银行存款20 000元偿还短期借款，并以银行存款15 000元购买设备，则上述业务入账后该公司的资产总额为（ ）元。

A. 30 000　　B. 40 000　　C. 25 000　　D. 15 000

14. 下列经济业务中，可引起资产总额增加的是（ ）。

A. 将现金存入银行　　B. 购进材料一批，货款暂欠
C. 以银行存款归还银行借款　　D. 收到其他单位还来的前欠货款

15. 某企业所有者权益总额为6 000万元，负债总额为4 000万元，那么该企业的资产总额为（ ）万元。

A. 2 000　　B. 10 000　　C. 6 000　　D. 以上答案都不对

二、多项选择题

1. 资产与权益的恒等关系是（ ）。

A. 复式记账法的理论依据　　B. 编制资产负债表的依据
C. 试算平衡的理论依据　　D. 总账与明细账平行登记的理论依据

2. 下列变动符合资金运动规律的有（ ）。

A. 资产某项目增加与权益某项目减少　　B. 资产某项目减少与权益某项目增加
C. 资产内部项目之间此增彼减　　D. 权益内部项目之间此增彼减

3. 下列各项经济业务中，能引起资产和所有者权益同时增加的有（ ）。

A. 收到国家投资，存入银行　　B. 提取盈余公积金
C. 收到外单位投入设备一台　　D. 将资本公积金转增资本

4. 下列各项经济业务中，能引起资产和负债同时增加的有（ ）。

A. 企业赊购材料一批　　B. 用银行存款偿还所欠货款
C. 从银行借入一笔款项，存入银行　　D. 收到投资人投入的资金，存入银行

5. 下列各项经济业务中，会使企业资产总额和负债总额同时发生减少变化的有（ ）。

A. 用银行存款支付上月未交增值税　　B. 从某企业购买材料一批，货款未付
C. 收回上月销售商品货款　　D. 用银行存款偿还所欠货款

6. 下列各项经济业务中，会使企业资产总额和权益总额同时发生增加变化的有（ ）。

A. 向银行借入半年期的借款，已存入银行　　B. 赊购设备一台，设备已经交付使用
C. 收到某投资者投资，款项已存入银行　　D. 用资本公积转增实收资本

7. 下列经济业务中，会使资产和权益总额同时增加的有（ ）。

A. 收到投资者投入的设备一台　　B. 赊购原材料
C. 用银行存款购入一台计算机　　D. 生产车间领用一批原材料

8. 下列各项中，会引起企业资产增加的是（ ）。

A. 盈余公积转增资本　　B. 企业借入资金
C. 资本公积转增实收资本　　D. 企业接受捐赠

9. 下列各项经济活动中，资产总额不发生变化的有（ ）。

A. 用银行存款购入原材料　　B. 收到前欠货款，存入银行
C. 用银行存款购入某公司股票　　D. 用银行存款预付设备定金

10. 下列经济业务中，权益总额不发生变化的有（　　）。

A. 用银行存款偿还前欠货款

B. 经协商，将一笔到期的短期借款转为长期借款

C. 用银行存款购入某公司债券

D. 将盈余公积 10 万元转增资本

11. 下列业务中，没有使所有者权益总额发生变化的是（　　）。

A. 向股东分配现金股利　　B. 以资本公积转增资本金

C. 收到投资者投入的资金　　D. 按净利润的 10% 提取盈余公积

12. 下列各项经济业务中，能引起会计等式左右两边会计要素变动的有（　　）。

A. 收到某单位前欠货款 20 000 元，存入银行

B. 用银行存款偿还银行借款

C. 收到某单位投入的机器设备一台，价值 80 万元

D. 用银行存款购买材料 8 000 元

13. 下列经济业务中，只引起会计等式左边会计要素变动的有（　　）。

A. 购买 800 元的材料，款项尚未支付

B. 从银行提取现金 500 元

C. 购买机器一台，以存款支付 10 万元货款

D. 接受投资 200 万元，款项存入银行

14. 下列经济业务的发生，会引起会计等式总额变化的有（　　）。

A. 销售产品，货款未收　　B. 用银行存款支付办公费

C. 用银行存款偿还购货欠款　　D. 收到投资者投入的无形资产

15. 下列各项中，属于会计等式的有（　　）。

A. 资产=负债+所有者权益

B. 收入-费用=利润

C. 借方发生额=贷方发生额

D. 期初余额+本期增加额-本期减少额=期末余额

三、判断题

1. 资产与所有者权益在数量上始终是相等的。（　　）

2. “收入-费用=利润”这一会计等式，是编制利润表的基础。（　　）

3. 资产与负债、所有者权益的平衡关系是在企业资金运动处于相对静止状态下出现的。如果考虑收入、费用等动态要素，则资产与权益总额的平衡关系必然被破坏。（　　）

4. 资产来源于权益，权益与资产必然相等。（　　）

5. 经济业务的发生，可能会导致资产与权益总额发生变化，但是不会破坏会计基本等式的平衡关系。（　　）

任务 1.5　利用借贷记账法记账

一、单项选择题

1. 复式记账法是对发生的每一笔经济业务，都要以相等的金额，在（　　）中进行登记的一种记账方法。

A. 一个科目　　B. 两个科目

C. 一两个或两个以上的科目　　D. 相互联系的两个或两个以上科目

2. 借贷记账法是以（　　）为记账基础的一种记账方法。

A. 会计科目　　B. 资产和权益的平衡关系

C. 经济业务　　D. 试算平衡

3. 复式记账法的基本理论依据是（　　）的平衡原理。

A. 收入−费用=利润

B. 资产=负债+所有者权益

C. 期初余额+本期增加额−本期减少额=期末余额

D. 借方发生额=贷方发生额

4. 下列关于借贷记账法的表述中，正确的是（　　）。

A. 在借贷记账法下，“借”代表增加，“贷”代表减少

B. 在借贷记账法下，资产增加记借方，负债减少记贷方

C. 在借贷记账法下，可以利用试算平衡检查出所有记账错误

D. 借贷记账法是复式记账法的一种

5. 在借贷记账法下，科目的借方用来登记（　　）。

A. 资产的增加或权益的减少　　B. 资产的减少或权益的增加

C. 资产的增加或权益的增加　　D. 资产的减少或权益的减少

6. 在借贷记账法下，科目的贷方用来登记（　　）。

A. 收入的增加或费用（成本）的增加　　B. 收入的增加或费用（成本）的减少

C. 收入的减少或费用（成本）的增加　　D. 收入的减少或费用（成本）的减少

7. 在借贷记账法下，资产类科目的期末余额一般在（　　）。

A. 借方　　B. 增加方　　C. 贷方　　D. 减少方

8. 权益类科目的余额一般（　　）。

A. 在借方　　B. 在贷方　　C. 无余额　　D. 在借方或贷方

9. 收入类科目的期末余额一般（　　）。

A. 在借方　　B. 在贷方　　C. 无余额　　D. 在借方或贷方

10. 损益类科目一般具有（　　）的特点。

A. 费用类科目的增加额记贷方　　B. 收入类科目的减少额记贷方

C. 期末一般无余额　　D. 年末一定要结转到“利润分配”科目

11. 在借贷记账法下，资产类科目的期末余额等于（　　）。

A. 期初余额+借方发生额−贷方发生额　　B. 期初余额+借方发生额+贷方发生额

C. 期初余额−借方发生额+贷方发生额　　D. 期初余额−借方发生额−贷方发生额

12. 在借贷记账法下，所有者权益类科目的期末余额等于（　　）。

A. 期初贷方余额+本期贷方发生额−本期借方发生额

B. 期初借方余额+本期贷方发生额−本期借方发生额

C. 期初借方余额+本期借方发生额−本期贷方发生额

D. 期初贷方余额+本期借方发生额−本期贷方发生额

13. 根据资产与权益的恒等关系以及借贷记账法的记账规则，检查所有科目记录是否正确的过程称为（　　）。

A. 复式记账　　B. 对账　　C. 试算平衡　　D. 查账

14. 对某项经济业务事项标明应借应贷科目及其金额的记录称为（　　）。

A. 对应关系　　B. 会计分录　　C. 对应科目　　D. 试算平衡

15. 下列会计分录形式中，属于简单会计分录的是（　　）。

A. 一借一贷　　B. 一借多贷　　C. 一贷多借　　D. 多借多贷

16. 存在对应关系的科目称为（　　）。

A. 联系科目　　B. 对应科目　　C. 总分类科目　　D. 明细分类科目

17. 对发生的每项经济业务事项都要以会计凭证为依据，一方面记入有关总分类科目，另一方面记入有关总分类科目所属明细分类科目的方法称为（　　）。

A. 借贷记账法　　B. 试算平衡　　C. 复式记账法　　D. 平行登记

18. 借贷记账法余额试算平衡的依据是（　　）。

A. 资金运动变化规律　　B. 会计等式平衡原理

C. 会计账户基本结构　　D. 平行登记基本原理

19. 借贷记账法的余额试算平衡公式是（　　）。

A. 每个科目的借方发生额=每个科目的贷方发生额

B. 全部科目本期借方发生额合计=全部科目本期贷方发生额合计

C. 全部科目期末借方余额合计=全部科目期末贷方余额合计

D. 全部科目期末借方余额合计=部分科目期末贷方余额合计

20. 科目发生额试算平衡方法是根据（　　）来确定的。

A. 借贷记账法的记账规则　　B. 资产=负债+所有者权益

C. 收入-费用=利润　　D. 平行登记原则

21. 下列记账错误中，不能通过试算平衡检查发现的是（　　）。

A. 将某一科目的发生额500元，误写成5 000元

B. 漏记了某一科目的发生额

C. 将应记入“管理费用”账户借方的发生额错误记入“制造费用”账户的借方

D. 重复登记了某一科目的发生额

22. 某公司月初短期借款余额为80万元，本月向银行借入5个月的借款20万元，归还到期的短期借款60万元，则本月末短期借款的余额为（　　）万元。

A. 借方40　　B. 贷方40　　C. 借方120　　D. 贷方120

23. 甲公司月末编制的试算平衡表中，全部科目的本月贷方发生额合计为120万元，除银行存款外的本月借方发生额合计为104万元，则“银行存款”科目（　　）。

A. 本月借方余额为16万元　　B. 本月贷方余额为16万元

C. 本月贷方发生额为16万元　　D. 本月借方发生额为16万元

24. 下列经济业务中，借记资产类科目，贷记负债类科目的是（　　）。

A. 从银行提取现金　　B. 接受投资

C. 赊购商品　　D. 以现金偿还债务

25. “盈余公积”科目的期初余额为50万元，本期贷方发生额20万元，本期借方发生额8万元，则该科目的期末余额为（　　）万元。

A. 58　　B. 70　　C. 80　　D. 62

二、多项选择题

1. 下列项目中，属于借贷记账法特点的有（　　）。

A. 以“借”“贷”为记账符号

B. 以“有借必有贷，借贷必相等”为记账规则

C. 总分类账与明细分类账平行登记

D. 可以进行发生额试算平衡和余额试算平衡

2. 在借贷记账法下，科目的借方应登记（　　）。

A. 费用的增加　　B. 所有者权益的减少

C. 收入的增加　　D. 负债的减少

3. 在借贷记账法下，科目的贷方应登记（　　）。

A. 资产、费用的增加数　　B. 权益、收入的减少数

C. 资产、费用的减少数　　D. 权益、收入的增加数

4. 会计分录的基本要素包括（　　）。

A. 记账符号　　B. 记账时间　　C. 记账金额　　D. 科目名称

5. 借贷记账法的试算平衡方法包括（　　）。

A. 发生额试算平衡法　　B. 增加额试算平衡法

C. 减少额试算平衡法　　D. 余额试算平衡法

6. 下列选项中，试算平衡表无法发现的错误有（　　）。

A. 用错账户名称　　B. 重记某项经济业务

C. 漏记某项经济业务　　D. 记账方向颠倒

7. 以下错误可以通过试算平衡发现的有（　　）。

A. 漏记或重记某项经济业务　　B. 借方发生额大于贷方发生额

C. 借贷记账方向彼此颠倒　　D. 重复登记在某一科目的借方发生额上

8. 总分类账户与其所属的明细分类账户平行登记的结果，一般是（　　）。

A. 总分类账户期初余额=所属明细分类账户期初余额之和

B. 总分类账户期末余额=所属明细分类账户期末余额之和

C. 总分类账户本期借方发生额=所属明细分类账户本期借方发生额之和

D. 总分类账户本期贷方发生额=所属明细分类账户本期贷方发生额之和

9. 对发生的每一项经济业务，下列关于“平行登记”的表述中，正确的有（　　）。

A. 既要记入有关总分类账户，又要记入有关总分类账户所属的明细分类账户

B. 登记总分类账户和其所属的明细分类账户的依据应该相同

C. 必须在同一天登记总分类账户和其所属的明细分类账户

D. 登记总分类账户和其所属的明细分类账户的借贷方向相同

10. 总分类账户发生额及余额试算平衡表中的平衡关系有（　　）。

A. 期初借方余额合计=期初贷方余额合计

B. 本期借方发生额合计=本期贷方发生额合计

C. 期初借方余额合计=期末贷方余额合计

D. 期末借方余额合计=期末贷方余额合计

三、判断题

1. 复式记账法是指对于每一笔经济业务，都要在两个或两个以上账户中进行登记的一种记账方法。（　　）

2. 账户分为左右两方，左方登记增加，右方登记减少。（　　）

3. 借贷记账法下，“借”表示增加，“贷”表示减少。（　　）

4. 借贷记账法下，资产类科目与费用（成本）类科目通常都有期末余额，而且在借方。（　　）

5. 复合会计分录是指多借多贷形式的会计分录。（　　）

6. 借贷记账法的记账规则为：有借必有贷，借贷必相等。即对于每一笔经济业务，都需要在两个账户中以借方和贷方相等的金额进行登记。 （ ）

7. 在借贷记账法下，损益类账户的借方登记增加数，贷方登记减少数，期末一般无余额。 （ ）

8. 在借贷记账法下，费用类账户与资产类账户的结构截然相反。 （ ）

9. 所有者权益类账户及负债类账户的结构一般与资产类账户的结构一致。 （ ）

10. 收入类账户与费用类账户一般没有期末余额，但有期初余额。 （ ）

11. 会计分录包括业务涉及的账户名称、记账方向和金额三方面内容。 （ ）

12. 会计分录中账户之间的相互依存关系称为账户的对应关系。 （ ）

13. 在会计处理中，只能编制一借一贷、一借多贷、一贷多借的会计分录，而不能编制多借多贷的会计分录，以避免对应关系混乱。 （ ）

14. 账户的对应关系是指总分类账户与明细分类账户之间的关系。 （ ）

15. 为了判断账户记录是否正确，通常采用编制试算平衡表的方法进行检查。只要该试算平衡表实现了平衡，就说明账户记录正确无误。 （ ）

16. “有借必有贷，借贷必相等”是借贷记账法的记账规则。 （ ）

17. 发生额试算平衡是根据资产与权益的恒等关系，检验本期发生额记录是否正确的方法。 （ ）

18. 按照平行登记中同时期登记的要求，每项经济业务必须在记入总分类科目的当天记入所属的明细分类科目。 （ ）

19. 平行登记要点中的“同内容”指的是相同的经济业务内容。 （ ）

20. 平行登记可以使总分类账户与其所属的明细分类账户保持统驭关系，便于核对与检查，纠正错误与遗漏。 （ ）

四、计算分析题

N公司某年8月末的试算平衡表如表1-1-1所示。

要求：填列该表括号中的相关金额。

表1-1-1　　N公司某年8月末的试算平衡表　　单位：元

科目名称	期初余额		本期发生额		期末余额	
	借方	贷方	借方	贷方	借方	贷方
库存现金	7 200	—	1 200	（ ）	4 800	—
银行存款	96 000	—	（ ）	75 600	（ ）	—
原材料	60 000	—	26 400	（ ）	48 000	—
应收账款	（ ）	—	（ ）	100 800	96 000	—
固定资产	（ ）	—	28 800	27 000	120 000	—
实收资本	—	180 000	—	（ ）	—	216 000
资本公积	—	48 000	（ ）	12 000	—	36 000
短期借款	—	60 000	（ ）	—	—	18 000
应付账款	—	96 000	10 200	（ ）	—	165 600
合　计	（ ）	384 000	（ ）	（ ）	（ ）	（ ）

模块二 工业企业经济业务核算

任务 2.1 筹资过程业务核算

一、单项选择题

1. 企业接受固定资产投资，除了应记入“固定资产”科目和“实收资本”账户外，还可能涉及的账户是（　　）。

A. 累计折旧　　B. 资本公积　　C. 盈余公积　　D. 其他业务收入

2. 有限责任公司增资扩股时，如果有新的投资者加入，则新加入投资者的出资额大于按约定比例计算的其在注册资本中所占份额的部分，应记入的贷方账户是（　　）。

A. 实收资本　　B. 营业外收入　　C. 资本公积　　D. 盈余公积

3. 为反映企业投资人投入资本的变动情况，应设置“（　　）”账户。

A. 银行存款　　B. 投资收益　　C. 长期股权投资　　D. 实收资本

4. 企业向银行借入两年期借款，应记入“（　　）”账户的贷方。

A. 短期借款　　B. 银行存款　　C. 长期借款　　D. 应付账款

5. 以下有关增值税的表述中，不正确的是（　　）。

A. 增值税纳税人分为一般纳税人和小规模纳税人

B. 一般纳税人使用增值税专用发票，实行税款抵扣制度

C. 小规模纳税人购进货物或应税劳务时不得抵扣增值税进项税额

D. 一般纳税人购进的货物都可以抵扣相应的增值税进项税额

二、多项选择题

1. G公司原由甲、乙、丙三人投资，三人各投入100万元，两年后丁想加入。经协商，甲、乙、丙、丁四人各拥有100万元的资本，但丁必须投入120万元的银行存款方可拥有100万元的资本。若丁将120万元投入G公司，并已办妥增资手续，则下列项目中能组合在一起形成该项经济业务会计分录的项目有（　　）。

A. 该笔业务应借记“银行存款”科目120万元

B. 该笔业务应贷记“实收资本”科目100万元

C. 该笔业务应贷记“资本公积”科目20万元

D. 该笔业务应贷记“银行存款”科目120万元

2. 用银行存款偿还短期借款，应（　　）。

A. 借记“银行存款”　　B. 贷记“短期借款”

C. 借记“短期借款”　　D. 贷记“银行存款”

3. 下列关于“固定资产”科目的说法中，正确的有（　　）。

A. 该科目为资产类科目

B. 该科目借方登记固定资产原始价值的增加额

C. 该科目贷方登记固定资产计提的折旧

D. 该科目余额在借方，表示期末企业现有固定资产的净值

4. 投资者投入资本能够记入的科目有（　　）。

A. 盈余公积　　B. 长期股权投资　　C. 实收资本　　D. 资本公积

5. 以下属于增值税征税范围的是（　　）。

A. 销售商品　B. 提供修理劳务　C. 提供广告服务　D. 提供物流服务

三、判断题

1. “长期借款”账户的期末余额表示企业尚未偿还的长期借款的本金和利息。（　　）

2. 企业在取得短期借款的当天，应及时核算取得借款的本金和利息。（　　）

3. “短期借款”账户核算应付未付的借款利息。（　　）

4. 所有者可以用实物资产或无形资产对企业进行投资，一律按双方认可的估价、合同或协议约定的价值入账。（　　）

5. 资本溢价是指企业收到的投资者出资额超出其在注册资本或股本中所占份额的部分。（　　）

任务 2.2　供应过程业务核算

一、单项选择题

1. 在借贷记账法下，“原材料”账户的余额（　　）。

A. 只能在借方　B. 只能在贷方

C. 既可能在借方，又可能在贷方　D. 肯定为零

2. 某一般纳税人企业购入不需要安装的设备一台，取得的增值税专用发票上注明买价 40 000 元，增值税 5 200 元。另支付运杂费 1 200 元，保险费 600 元，运杂费和保险费取得的是增值税普通发票。则该设备的入账价值为（　　）元。

A. 41 800　B. 47 000　C. 46 400　D. 41 200

3. 某企业购买材料一批，买价 3 000 元，增值税进项税额为 390 元，运杂费 200 元，开出商业汇票支付，但材料尚未收到，应贷记“(　　)”科目。

A. 原材料　B. 材料采购　C. 银行存款　D. 应付票据

4. 当企业不设置“预付账款”科目时，预付货款时应通过（　　）核算。

A. “应收账款”账户的借方　B. “应收账款”账户的贷方

C. “应付账款”账户的借方　D. “应付账款”账户的贷方

5. 企业购入需安装的固定资产时，其价值应先记入“(　　)”科目，待安装完毕后再转入“固定资产”科目。

A. 材料采购　B. 在途物资　C. 生产成本　D. 在建工程

6. 某一般纳税人企业购入原材料一批，取得的增值税专用发票上注明买价 100 000 元，增值税 13 000 元。另以银行存款支付装卸费，增值税普通发票上注明价款 20 000 元，增值税 1 200 元。该批材料的入账价值为（　　）元。

A. 120 000　B. 134 200　C. 121 200　D. 100 000

7. 下列不应计入材料采购成本的是（　　）。

A. 运杂费　B. 运输途中的合理损耗

C. 入库前的挑选整理费用　D. 采购人员差旅费

8. 某一般纳税人企业购入甲材料 5 吨，不含税价 1 000 元/吨；购入乙材料 15 吨，不含税价 3 000 元/吨。其增值税专用发票显示税率均为 13%。以现金支出购入两种材料所发生的装卸费为 600 元，取得增值税普通发票。则甲材料的采购成本为（　　）元。

A. 5 000　B. 5 650　C. 5 150　D. 5 800

二、多项选择题

1. 下列关于“预付账款”科目的表述中，正确的有（　　）。

A. 预付及补付的款项登记在该科目的借方

B. 该科目的借方余额表示预付给供货单位的款项

C. 该科目的贷方余额表示应当补付的款项

D. 预付款项不多的企业，也可将预付款项记入“应付账款”科目的借方

2. 下列票据中，通过“应付票据”科目核算的有（　　）。

A. 商业承兑汇票　B. 银行承兑汇票　C. 银行汇票　D. 转账支票

3. 材料采购成本包括（　　）。

A. 买价　B. 运杂费

C. 运输途中的合理损耗　D. 入库前的挑选整理费用

4. 企业购入的6 000元材料已经入库，以银行存款支付3 000元，余款未付。这一经济业务涉及的账户有（　　）。

A. 原材料　B. 应收账款　C. 应付账款　D. 银行存款

5. 某一般纳税人企业购入机器设备一台，以下应计入该机器设备原始价值的是（　　）。

A. 增值税专用发票标明的买价　B. 增值税专用发票标明的税额

C. 增值税专用发票标明的含税安装费　D. 增值税普通发票标明的含税装卸费

三、判断题

1. 购入固定资产业务的会计分录应一律借记“固定资产”科目。（　）

2. 材料的买价加上采购费用和增值税进项税额，就是材料的采购成本。（　）

3. “原材料”账户期末若有借方余额，则其表示在途的和已经入库的材料的采购成本。（　）

4. 购进两种以上材料发生的共同费用不能直接计入每种材料的采购成本时，应按材料的重量、体积或价值比例计入每种材料的采购成本。（　）

5. 企业预付货款时，应记入“预付账款”账户的贷方。（　）

6. 预付账款业务不多的企业，可以将预付账款记在“应付账款”账户。（　）

四、计算分析题

（1）安明公司2月末时的有关资料如下（不考虑增值税）。

①“原材料”总账借方余额45 000元，其所属明细账的余额如下。

甲材料：300千克，每千克60元，计18 000元；

乙材料：200千克，每千克90元，计18 000元；

丙材料：200千克，每千克45元，计9 000元。

②“应付账款”总账贷方余额38 000元，其所属明细账的贷方余额如下：东方公司22 000元，先锋公司16 000元。“银行存款”总账和“银行存款”日记账余额均为150 000元。

（2）安明公司3月份发生下列经济业务。

① 3月3日，从东方公司购入甲材料500千克，每千克60元，计30 000元；购入乙材料300千克，每千克90元，计27 000元，款项尚未支付。

② 3月8日，车间因生产A产品领用甲材料700千克，每千克60元，计42 000元；领用乙材料300千克，每千克90元，计27 000元。

③ 3月15日，从先锋公司购入甲材料300千克，每千克60元，计18 000元；购入乙材料400千克，每千克90元，计36 000元。材料已验收入库，货款尚未支付。

④ 3 月 26 日，以银行存款偿付前欠东方公司货款 50 000 元和先锋公司货款 46 000 元。

要求：根据以上资料完成下列工作。

（1）计算安明公司 3 月末“银行存款”总账余额；

（2）计算安明公司 3 月末“原材料——甲材料”明细账余额；

（3）计算安明公司 3 月末“原材料——甲材料”明细账的材料数量；

（4）计算安明公司 3 月末“应付账款”总账余额；

（5）计算安明公司 3 月末“原材料”总账余额。

任务 2.3 生产过程业务核算

一、单项选择题

1. 费用与成本的联系可以用一句话概括，即（ ）。

A. 费用是对象化了的成本　　B. 费用就是成本
C. 成本就是费用　　D. 成本是对象化了的费用

2. “生产成本”账户的期末余额应归属于（ ）类会计要素。

A. 资产　　B. 负债　　C. 所有者权益　　D. 利润

3. “生产成本”科目的期末借方余额意味着（ ）。

A. 在产品成本　　B. 已完工产品成本
C. 当期投入的总成本　　D. 当期和以前期间所有产品的总成本

4. 对于产品生产过程中所发生的间接费用，先归入“（ ）”账户，然后计入有关产品的成本中。

A. 期间费用　　B. 间接费用　　C. 制造费用　　D. 生产费用

5. 下列应计入产品生产成本的是（ ）。

A. 车间管理人员工资　　B. 厂部管理人员工资
C. 专设销售部门人员工资　　D. 专项工程人员工资

6. 生产工人的工资应列入生产成本的（ ）项目。

A. 管理费用　　B. 直接材料　　C. 直接人工　　D. 制造费用

7. 计提车间管理人员的工资应记入（ ）的贷方。

A. 管理费用　　B. 制造费用　　C. 应付职工薪酬　　D. 生产成本

8. 某企业为生产车间的机器设备计提折旧 5 800 元，应借记“（ ）”科目。

A. 制造费用　　B. 生产成本　　C. 管理费用　　D. 库存商品

9. 某企业月初甲产品在产品成本 7 800 元，本月为生产甲产品投入生产费用 18 000 元，月末在产品成本为 6 200 元，则本月完工入库的甲产品成本为（ ）元。

A. 25 800　　B. 18 000　　C. 19 600　　D. 11 800

10. 某企业 8 月份一车间生产 A、B 两种产品，本月一车间发生制造费用 24 000 元，要求按照生产工人的工资比例分配制造费用。本月 A 产品生产工人工资为 80 000 元，B 产品生产工人工资为 40 000 元，则 B 产品应负担的制造费用为（ ）元。

A. 16 000　　B. 8 000　　C. 12 000　　D. 24 000

11. 某企业用银行存款支付业务招待费 4 200 元，应借记“（ ）”科目。

A. 管理费用　　B. 销售费用　　C. 财务费用　　D. 制造费用

12. 某企业月末计提短期借款利息 600 元，应借记“（ ）”科目。

A. 管理费用　　B. 销售费用　　C. 财务费用　　D. 制造费用

13. 下列费用中，应计入“管理费用”账户的是（　　）。

A. 生产车间的办公费　　B. 车间管理人员的工资

C. 车间机器的修理费　　D. 车间技术人员的工资

14. 厂部李某出差，预借差旅费6 000元，应借记“（　　）”科目。

A. 管理费用　　B. 销售费用　　C. 其他应付款　　D. 其他应收款

15. 企业为生产产品和提供劳务而发生的间接费用应先在“制造费用”科目中归集，期末再按一定的标准和方法分配记入“（　　）”科目。

A. 管理费用　　B. 生产成本　　C. 本年利润　　D. 库存商品

二、多项选择题

1. 计提固定资产折旧时，可能会涉及哪些科目？（　　）

A. 固定资产　　B. 累计折旧　　C. 制造费用　　D. 管理费用

2. 下列费用中，应计入产品成本的有（　　）。

A. 直接用于产品生产，构成产品实体的辅助材料的费用

B. 直接从事产品生产的工人的工资

C. 直接从事产品生产的工人的非货币性福利

D. 车间管理人员的工资及福利费

3. 甲公司某年1月1日借入三个月期的借款1 000万元，年利率6%，3月31日到期时一次还本付息。按照权责发生制原则，该年3月31日甲公司还本付息时，编制的会计分录中可能涉及的应借应贷科目及相应金额是（　　）。

A. 借记“短期借款”科目1 000万元　　B. 借记“财务费用”科目5万元

C. 借记“应付利息”科目10万元　　D. 贷记“银行存款”科目1 015万元

4. 下列选项中，应记入“财务费用”科目的是（　　）。

A. 利息支出　　B. 银行承兑汇票承兑手续费

C. 财务会计人员工资　　D. 财务部门办公费

5. 下列关于“生产成本”科目的说法中，正确的有（　　）。

A. 该科目属于损益类科目

B. 该科目借方登记应计入产品成本的各项费用

C. 该科目贷方登记完工入库产品的生产成本

D. 该科目借方余额表示尚未完工产品的实际生产成本

6. 工业企业产品的成本项目一般包括（　　）。

A. 直接材料　　B. 直接人工　　C. 管理费用　　D. 制造费用

7. 下列选项中，属于“制造费用”核算内容的有（　　）。

A. 生产车间管理人员的工资　　B. 生产用固定资产折旧费

C. 生产车间的办公费　　D. 生产车间固定资产修理费

8. 下列选项中，不属于制造费用核算范围的有（　　）。

A. 车间用房的折旧费　　B. 厂部办公楼的折旧费

C. 车间机器设备的维修费　　D. 直接从事产品生产的生产工人工资

9. 期间费用包括（　　）。

A. 管理费用　　B. 财务费用　　C. 销售费用　　D. 制造费用

10. 下列账户中，月末应该没有余额的有（　　）。

A. 生产成本　　B. 制造费用　　C. 管理费用　　D. 应付职工薪酬

三、判断题

1. 工业企业在生产经营过程中发生的费用，应全部计入当期的产品成本。（　　）

2. 产品生产成本的计算，是通过“制造费用”账户进行的。（　　）

3. “生产成本”和“制造费用”两个账户是成本类账户，因此期末都可以有余额，表示在产品的成本，视为企业的存货。（　　）

4. 进行工资分配时，生产工人工资应借记“生产成本”账户，车间管理人员工资应借记“制造费用”账户。（　　）

5. 计提短期借款的利息时，应贷记“预付账款”账户。（　　）

6. 职工预借差旅费应借记“管理费用”账户。（　　）

7. 根据产品完工入库业务编制的会计分录为：借记“库存商品”科目，贷记“原材料”科目。（　　）

8. 计提生产产品的机器设备的折旧应借记“制造费用”科目。（　　）

9. 通常，制造费用应于期末分配转入各种产品的生产成本。（　　）

10. 对于处于租赁期内的融资租入的固定资产，因为所有权不属于企业，所以，在使用过程中，不需要计提折旧。（　　）

四、计算分析题

某企业某年 7 月发生以下产品生产业务。

（1）为生产 A 产品领用甲材料 500 千克，为生产 B 产品领用乙材料 100 千克，车间一般耗用领用甲材料 50 千克，管理部门领用甲材料 10 千克。甲材料单价为 120 元/千克，乙材料单价为 30 元/千克。

（2）本月职工工资分配情况：生产 A 产品工人的工资为 30 000 元，生产 B 产品工人的工资为 20 000 元，车间管理人员工资为 10 000 元，行政管理人员工资为 20 000 元。

（3）以现金 800 元购买办公用品，其中车间用 500 元，管理部门用 300 元。

（4）车间技术人员报销差旅费 2 500 元，以现金支付。

（5）计提固定资产折旧 5 000 元，其中车间固定资产折旧 3 000 元，管理部门固定资产折旧 2 000 元。

制造费用按生产工人工资比例分配：A 产品月初在产品 20 000 元，月末在产品 5 000 元；B 产品月初在产品 30 000 元，月末在产品 6 000 元。

要求：

（1）计算本月发生的制造费用金额；

（2）计算本月 A 产品发生的生产成本；

（3）计算本月 B 产品发生的生产成本；

（4）计算本月 A 产品的完工产品成本；

（5）计算本月 B 产品的完工产品成本。

任务 2.4　销售过程业务核算

一、单项选择题

1. 下列属于制造业主营业务收入的是（　　）。

A. 销售材料收入　B. 销售产品收入　C. 出租包装物收入　D. 提供运输劳务收入

2. 销售费用属于（　　）账户。

A. 资产类　B. 成本类　C. 负债类　D. 损益类

3. 支付产品广告费时，应借记“(　　)”账户。

A. 管理费用　　B. 销售费用　　C. 主营业务成本　　D. 其他业务成本

4. 当企业不设置“预收账款”科目时，预收货款时应通过（　　）核算。

A. “应收账款”账户的借方　　B. “应收账款”账户的贷方

C. “应付账款”账户的借方　　D. “应付账款”账户的贷方

5. 下列票据中，应通过“应收票据”科目核算的是（　　）。

A. 现金支票　　B. 银行汇票　　C. 商业汇票　　D. 银行本票

6. 下列选项中，应确认为主营业务成本的是（　　）。

A. 商品销售成本　　B. 材料销售成本　　C. 专项工程成本　　D. 包装物销售成本

7. 销售产品时发生的消费税应记入“(　　)”科目的借方。

A. 应交税费　　B. 税金及附加　　C. 本年利润　　D. 利润分配

8. 企业对外销售商品，购货方未支付货款，这项债权应记入（　　）。

A. “应收账款”账户的借方　　B. “应收账款”账户的贷方

C. “应付账款”账户的借方　　D. “应付账款”账户的贷方

二、多项选择题

1. 在“税金及附加”账户借方登记的内容有（　　）。

A. 增值税　　B. 消费税　　C. 城建税　　D. 教育费附加

2. 下列票据中，不通过“应付票据”科目核算的有（　　）。

A. 商业承兑汇票　　B. 银行汇票　　C. 银行承兑汇票　　D. 银行本票

3. 下列关于“应收账款”科目的说法中，正确的有（　　）。

A. 该科目核算企业因销售商品、提供劳务等经营活动应收取的款项

B. 因销售商品代购货单位垫付的包装费、运杂费等也应借记“应收账款”

C. 该科目借方余额反映企业尚未收回的应收账款

D. 该科目如为贷方余额，反映企业预收的账款

4. 下列选项中，不属于“销售费用”科目核算内容的有（　　）。

A. 广告费　　B. 产品展览费　　C. 业务招待费　　D. 厂部办公费

5. 某企业某年3月销售一批化妆品，化妆品的成本为80万元，为了销售发生推销费用0.5万元，化妆品的销售价款为100万元，应收取的增值税销项税额为13万元，因销售该批化妆品应缴纳的消费税为30万元。对于该项经济业务，下列表述中正确的有（　　）。

A. “主营业务成本”科目应反映借方发生额80万元

B. “主营业务收入”科目应反映贷方发生额100万元

C. “税金及附加”科目应反映借方发生额30万元

D. “销售费用”科目应反映借方发生额0.5万元

三、判断题

1. 企业销售产品时，若产品已发出，即使货款尚未收到，也应作为营业收入实现处理。（　　）

2. 企业应该在收到以前月份的销售货款时确认营业收入。（　　）

3. 企业收到预收款时应立即确认营业收入。（　　）

4. 结转已销售商品的生产成本时，应贷记“生产成本”账户。（　　）

5. 企业生产经营过程中发生的各种税金均应在“税金及附加”账户中核算。（　　）

6. 企业在销售货物时，按销售额和适用税率计算并向购货方收取的增值税“销项税额”，应

通过“税金及附加”账户核算。（　）

四、计算分析题

某企业某年8月发生以下业务。

（1）向M公司销售A产品30件，价格为5 000元/件，增值税税率为13%，款项尚未收到。

（2）向N公司销售B产品20件，价格为6 000元/件，增值税税率为13%，款项已收到，并已存入银行。

（3）收到M公司偿还货款200 000元，存入银行。

（4）向G公司销售A产品25件，价格为4 600元/件，增值税税率为13%，款项未收到，另外以银行存款代垫运费1 000元。

（5）向M公司销售不需用的丙材料100千克，价格为50元/千克，增值税税率为13%，款项已存入银行。

（6）以银行存款支付销售产品运费4 800元，取得普通发票。

已销售A产品的成本为3 000元/件，B产品的成本为4 000元/件，丙材料的成本为40元/千克。月初对M公司的应收账款金额为50 000元。

要求：

（1）计算该公司本月的主营业务收入；

（2）计算该公司本月的主营业务成本；

（3）计算该公司本月的销项税额；

（4）计算该公司本月的销售费用；

（5）计算月末对M公司的应收账款余额。

任务2.5　利润核算

一、单项选择题

1. 下列选项中，影响营业利润的因素是（　）。
   A. 营业外收入　B. 所得税费用　C. 管理费用　D. 营业外支出
2. 下列属于“营业外支出”科目核算内容的是（　）。
   A. 行政管理人员的工资　B. 各种销售费用
   C. 借款的利息　D. 非常损失
3. 下列内容中，属于其他业务收入的是（　）。
   A. 罚款收入　B. 出售材料收入　C. 商品销售收入　D. 无形资产出售收入
4. 某企业用银行存款支付合同违约金4 500元，应借记“（　）”科目。
   A. 管理费用　B. 销售费用　C. 其他业务成本　D. 营业外支出
5. 某企业收到捐赠款12 000元，存入银行，应贷记“（　）”科目。
   A. 主营业务收入　B. 其他业务收入　C. 营业外收入　D. 营业外支出
6. 所有损益类科目期末都应结转至“（　）”科目，结转后损益类科目无余额。
   A. 利润分配——未分配利润　B. 本年利润
   C. 实收资本　D. 资本公积
7. 下列选项中，应确认为营业外收入的是（　）。
   A. 罚款收入　B. 租金收入　C. 材料销售收入　D. 商品销售收入
8. 年末结账时，需要转入“本年利润”的是（　）。
   A. 所有科目　B. 资产类科目　C. 负债类科目　D. 损益类科目

9. 材料销售成本应记入“（ ）”科目核算。

A. 生产成本 B. 其他业务成本 C. 主营业务成本 D. 营业外支出

10. 所得税费用期末应转入“（ ）”账户的借方。

A. 税金及附加 B. 营业外支出 C. 本年利润 D. 利润分配

11. 某企业支付罚款1 000元，应借记“（ ）”科目。

A. 营业外收入 B. 营业外支出 C. 管理费用 D. 销售费用

12. 某企业某年9月30日“本年利润”科目的贷方余额为20万元，表明（ ）。

A. 该企业该年1—9月份的净利润为20万元

B. 该企业该年9月份的净利润为20万元

C. 该企业该年全年的净利润为20万元

D. 该企业该年12月份的净利润为20万元

13. 利润总额的计算公式为（ ）。

A. 利润总额=营业利润

B. 利润总额=营业利润+所得税

C. 利润总额=营业利润+营业外收入−营业外支出

D. 利润总额=营业收入−营业成本

14. “本年利润”科目的贷方余额反映（ ）。

A. 自年初至本月末累计实现的利润 B. 历年累计发生的亏损

C. 历年累计实现的利润 D. 自年初至本月末累计发生的亏损

15. 以下不属于工业企业营业收入的是（ ）。

A. 销售商品的收入 B. 提供来料加工服务的收入

C. 出租固定资产的租金收入 D. 出售固定资产的价款收入

二、多项选择题

1. 下列选项中，不影响营业利润计算的因素有（ ）。

A. 所得税费用 B. 管理费用 C. 主营业务成本 D. 营业外收入

2. 下列选项中，应记入“营业外支出”账户的有（ ）。

A. 固定资产处置净损失 B. 罚款支出

C. 固定资产盘亏 D. 捐赠支出

3. 下列选项中，应列入营业外收入核算的有（ ）。

A. 罚款收入 B. 接受捐赠收入

C. 无法支付的应付账款 D. 固定资产处置净收益

4. 下列关于“所得税费用”科目的表述中，正确的有（ ）。

A. 该科目属于损益类科目

B. 该科目的余额期末结账时应转入“本年利润”科目

C. 该科目属于负债类科目

D. 该科目余额一般在贷方

5. 年终结账后，余额为零的账户有（ ）。

A. 管理费用 B. 财务费用 C. 销售费用 D. 制造费用

三、判断题

1. “本年利润”账户余额如果在借方，则表示自年初至本期末累计发生的亏损。 （ ）

2. 利润总额减去税金及附加后的余额称为净利润。 （ ）

3. 企业计算本期所得税费用时，应借记“所得税费用”账户，贷记“银行存款”账户。（ ）
4. 企业在销售过程中发生的销售费用直接影响营业利润的确定。（ ）
5. “制造费用”账户的贷方登记期末结转入“本年利润”账户的金额。（ ）
6. “主营业务成本”账户月末借方余额表示发生的亏损。（ ）
7. 增值税是与企业利润计算无关的税金。（ ）
8. “所得税费用”账户属于损益类账户。（ ）

四、计算分析题

某公司损益类账户及其本期发生额如下：主营业务收入 100 000 元，其他业务收入 20 000 元，营业外收入 5 000 元，投资收益 10 000 元，主营业务成本 60 000 元，其他业务成本 10 000 元，税金及附加 8 000 元，销售费用 5 000 元，管理费用 12 000 元，财务费用 20 000 元，营业外支出 6 000 元。按利润总额的 25%计提所得税。

要求：

（1）结转本期收益（编制会计分录）；

（2）结转本期支出（编制会计分录）；

（3）计算本期营业利润；

（4）计算本期利润总额；

（5）计算本期净利润。

任务 2.6 利润分配核算

一、单项选择题

1. 下列选项中，不属于利润分配内容的是（ ）。
   A. 计提法定盈余公积　B. 计提任意盈余公积
   C. 分配投资者利润　D. 计提职工住房公积金
2. 利润分配结束后，“利润分配”总分类账户所属的明细分类账户中只有“（ ）”有余额。
   A. 提取盈余公积　B. 其他转入　C. 应付利润　D. 未分配利润
3. 年终结账后，“利润分配——未分配利润”账户的贷方余额表示（ ）。
   A. 历年累计未弥补亏损　B. 历年累计未分配利润
   C. 本年实现的利润总额　D. 本年实现的净利润额
4. 企业从税后利润中提取法定盈余公积时，应贷记的账户是“（ ）”。
   A. 营业外收入　B. 实收资本　C. 资本公积　D. 盈余公积
5. 盈余公积是指企业从（ ）中提取的公积金。
   A. 税前利润　B. 营业利润　C. 利润总额　D. 税后净利润

二、多项选择题

1. 年末结转后，“利润分配”账户余额可能表示（ ）。
   A. 未分配利润　B. 营业利润　C. 利润总额　D. 未弥补亏损
2. 下列会计科目中，可能成为“本年利润”科目对应科目的有（ ）。
   A. 管理费用　B. 所得税费用　C. 利润分配　D. 制造费用
3. 年末结账后，下列会计账户中一定没有余额的有（ ）。
   A. 生产成本　B. 材料采购　C. 本年利润　D. 主营业务收入

4. 企业本年实现净利润67 000元，年末提取盈余公积6 700元，分配给投资者利润2万元，则在年末利润分配时，应编制的会计分录包括（　　）。

A. 借：本年利润　　67 000
　　贷：利润分配　　67 000

B. 借：利润分配　　6 700
　　贷：盈余公积　　6 700

C. 借：利润分配　　67 000
　　贷：本年利润　　67 000

D. 借：利润分配　　20 000
　　贷：应付股利　　20 000

5. 下列选项中，不会引起留存收益总额发生增减变动的有（　　）。

A. 提取法定盈余公积　　B. 提取任意盈余公积
C. 盈余公积弥补亏损　　D. 分配现金股利

三、判断题

1. “本年利润”账户和“利润分配”账户年终结账后，余额都为零。（　　）
2. 利润是企业的一项资产。（　　）
3. 计提盈余公积会导致企业的所有者权益减少。（　　）
4. 在企业召开股东会议决定了分红方案时，不需进行会计核算，必须在实际分红后，有了资金运动，才进行会计核算。（　　）
5. 将盈余公积转增资本不会增加所有者权益。（　　）

四、计算分析题

某公司某年12月初“本年利润”月初贷方余额为600 000元，“利润分配——未分配利润”贷方余额为50 000元，“盈余公积”月初贷方余额为80 000元。12月份损益类账户发生额如下：主营业务收入200 000元，其他业务收入30 000元，营业外收入10 000元，主营业务成本120 000元，其他业务成本20 000元，税金及附加10 000元，销售费用8 000元，管理费用16 000元，财务费用10 000元，营业外支出4 000元。按利润总额的25%计提所得税，按净利润的10%计提法定盈余公积，按净利润的20%计算应付投资者利润。

要求：

（1）计算该公司12月份利润总额；
（2）计算该公司12月份应计提的所得税；
（3）计算该公司本年实现的净利润；
（4）计算该公司12月末“盈余公积”账户余额；
（5）计算该公司12月末“利润分配——未分配利润”账户余额。

任务2.7　其他经济业务的核算

一、单项选择题

1. 下列会计科目中，“（　　）”用于核算企业取得交易性金融资产时所发生的交易费用。

A. 财务费用　　B. 管理费用　　C. 投资收益　　D. 交易性金融资产

2. 企业取得的交易性金融资产，期末公允价值下降时应借记的科目是“（　　）”。

A. 应收利息　　B. 公允价值变动损益
C. 投资收益　　D. 交易性金融资产

3. “坏账准备”科目在期末结账前如果为贷方余额，反映的内容是（　　）。

A. 提取的坏账准备　　B. 收回以前已经确认并转销的坏账损失
C. 已经发生的坏账损失　　D. 已确认的坏账损失超出坏账准备的余额

4. 企业计提坏账准备时应该借记“(　　)”科目。

A. 应收账款　　B. 坏账准备　　C. 资产减值损失　　D. 销售费用

5. 甲企业的坏账准备提取比例为5%，上年末应收账款余额为100万元，本年末应收账款余额增加20万元，本年发生坏账损失1万元，则本年末应提取的坏账准备为（　　）万元。（假设该企业不存在需要计提坏账准备的其他应收款项）

A. 6　　B. 5　　C. 2　　D. 1

6. 甲公司某年末应收账款余额为200万元，经减值测试，预计该项应收账款未来现金流量现值为180万元。假定计提坏账准备前“坏账准备”科目的贷方余额为2万元，则甲公司应补提坏账准备的金额为（　　）万元。

A. 2　　B. 18　　C. 20　　D. 22

7. 在物价变动的情况下，采用（　　）计价可使期末库存材料的价值最接近市场价格。

A. 加权平均法　　B. 移动平均法　　C. 先进先出法　　D. 后进先出法

8. 在物价上涨的情况下，采用（　　）计价会使当期净利润最大。

A. 先进先出法　　B. 后进先出法　　C. 加权平均法　　D. 移动平均法

9. 某企业对发出的存货采用全月一次加权平均法计价，本月初乙材料的数量为40吨，价格为3 100元/吨，本月一次购入乙材料60吨，价格为3 000元/吨，则本月发出存货的价格为（　　）元/吨。

A. 3 060　　B. 3 040　　C. 3 100　　D. 3 050

10. 某企业采用先进先出法计算发出存货的成本。期初库存A产品的数量为50件，价格为100元/件；本月购入A产品100件，价格为105元/件；本月领用A产品100件，其领用总成本为（　　）元。

A. 10 000　　B. 10 250　　C. 10 050　　D. 10 500

11. 某企业采用先进先出法计算发出甲材料的成本。某年2月1日，结存甲材料200千克，每千克实际成本100元；2月10日购入甲材料300千克，每千克实际成本110元；2月15日发出甲材料400千克。2月末，库存甲材料的实际成本为（　　）元。

A. 10 000　　B. 10 500　　C. 10 600　　D. 11 000

12. 下列选项中，通过“固定资产清理”科目贷方核算的是（　　）。

A. 转入清理的固定资产的净值　　B. 发生的清理费用

C. 结转的固定资产清理净损失　　D. 结转的固定资产清理净收益

13. 某企业出售闲置的设备，账面原价21 000元，已使用两年，已提折旧2 100元，出售时发生清理费用400元，出售价格18 000元。假定不考虑其他相关税费，该企业出售该设备发生的净损失为（　　）元。

A. 500　　B. 1 300　　C. 900　　D. −500

14. 企业出售管理用设备。下列会计科目中，借方反映该项设备处置损失的是（　　）。

A. 资产处置损益　　B. 制造费用　　C. 管理费用　　D. 营业外支出

15. 关于经营期间固定资产清理的处理，下列表述中正确的有（　　）。

A. 出售固定资产的净收益，计入“营业外收入”账户

B. 出售固定资产的净损失，计入“营业外支出”账户

C. 出售固定资产的净收益，计入“资产处置损益”账户

D. 出售固定资产的净损失，计入“资产减值损失”账户

二、多项选择题

1. 交易性金融资产科目的借方核算的内容有（ ）。

A. 取得交易性金融资产的成本

B. 资产负债表日公允价值低于账面价值的差额

C. 资产负债表日公允价值高于账面价值的差额

D. 取得交易性金融资产所支付的相关交易费用

2. 交易性金融资产科目的明细科目有（ ）。

A. 成本　　B. 公允价值变动

C. 公允价值变动损益　　D. 本金

3. 持有期间被投资方宣告分配交易性金融资产的现金股利时，投资方可能涉及的会计科目有（ ）。

A. 投资收益　B. 交易性金融资产　C. 应收股利　D. 公允价值变动损益

4. 下列选项中，应计入“坏账准备”科目贷方的有（ ）。

A. 经批准转销的坏账

B. 年末按应收账款余额的一定比例计提的坏账准备

C. 确实无法支付的应付账款

D. 收回过去已经确认并转销的坏账

5. 下列选项中，（ ）应当借记“坏账准备”科目。

A. 计提坏账准备　　B. 冲减多计提的坏账准备

C. 冲销无法支付的应付账款　　D. 确认实际发生的坏账损失

6. 下列关于“坏账准备”科目的表述中，正确的有（ ）。

A. 借方登记实际发生的坏账损失和冲减的坏账准备

B. 贷方登记当期计提的坏账准备金额

C. 期末借方余额反映企业已计提但尚未转销的坏账准备

D. 期末贷方余额反映企业已计提但尚未转销的坏账准备

7. 下列关于应收账款的说法中，正确的是（ ）。

A. 提取坏账准备时，借记“资产减值损失”账户，贷记“坏账准备”账户

B. 发生坏账损失时，借记“坏账准备”账户，贷记“应收账款”账户

C. 已确认并转销的坏账又收回时，借记“银行存款”账户，贷记“坏账准备”账户

D. 已确认并转销的坏账又收回时，借记“应收账款”账户，贷记“坏账准备”账户；同时借记“银行存款”账户，贷记“应收账款”账户

8. 存货发出的计价方法有（ ）。

A. 先进先出法　B. 加权平均法　C. 个别计价法　D. 一次摊销法

9. 发出存货时按照先进先出法计价，其特点是（ ）。

A. 物价上涨时发出存货的成本比较接近其重置成本

B. 物价上涨时避免虚增利润

C. 物价上涨时发出存货的成本与其重置成本差异较大

D. 期末结存数额比较接近实际

10. 企业结转固定资产清理净损益时，可能涉及的会计科目有（ ）。

A. 资产处置损益　B. 营业外收入　C. 营业外支出　D. 固定资产清理

11. 下列关于“固定资产清理”科目的表述中，正确的有（ ）。

A. 贷方登记清理收入　　B. 借方登记清理费用、固定资产净值损失等

C. 贷方登记结转的清理净收入　　D. 借方登记结转的清理净损失

12. 企业处置固定资产时，(　　) 应通过"固定资产清理"科目核算。

A. 清理固定资产时发生的人工费　　B. 清理固定资产时的变价收入

C. 清理固定资产时发生的账面余额　　D. 清理固定资产时发生的增值税

13. 下列选项中，(　　) 不应计入营业外收入。

A. 盘盈利得　　B. 捐赠利得

C. 非流动资产处理利得　　D. 交易性金融资产出售利得

14. 下列选项中，应计入"固定资产清理"账户借方的有(　　)。

A. 盘亏固定资产的净值　　B. 报废固定资产发生的清理费用

C. 报废固定资产的净值　　D. 出售固定资产缴纳的增值税

15. 下列选项中，(　　) 不应计入营业外支出。

A. 应收账款坏账损失　　B. 出售固定资产净损失

C. 非常损失　　D. 公益性捐赠支出

三、判断题

1. 交易性金融资产主要是指企业为长期持有而购入的股票、债券、基金等金融资产。(　　)

2. 企业为取得交易性金融资产而发生的交易费用应当计入交易性金融资产成本。(　　)

3. 企业出售交易性金融资产时发生的交易费用应当直接冲减投资收益，并从出售所得款项中直接扣减。(　　)

4. 在备抵法下，企业将不能收回的应收账款确认为坏账损失，应计入资产减值准备，并冲销相应的应收账款。(　　)

5. 对于各项应收款项，企业应当在实际发生坏账时才确认资产减值损失，同时冲销应收款项。(　　)

6. 企业应当在资产负债表日对应收款项的账面价值进行检查。有客观证据表明应收款项发生减值的，应当将该应收款项的账面价值减记至预计未来现金流量现值，减记的金额确认为减值损失，计提坏账准备。(　　)

7. 已确认为坏账的应收账款重新收回时，应借记"坏账准备"账户，贷记"资产减值损失"账户。(　　)

8. 采用加权平均法对存货计价时，当物价上升时，加权平均成本将小于现行成本；当物价下降时，加权平均成本将大于现行成本。(　　)

9. 在存货的发出计价方法中，企业可以只选择其中的一种来计价，不能同时选择其他的方法。(　　)

10. 移动加权平均法平时在存货明细账上无法反映发出和结存存货的实际成本，因此不利于存货成本的日常管理与控制。(　　)

11. 常用的存货发出计价方法包括月末一次加权平均法、先进先出法、后进先出法和个别计价法。(　　)

12. 使用月末一次加权平均法计价时，平时逐笔登记入库存货的数量、单价和金额，发出存货时只登记数量，不登记单价和金额。(　　)

13. 存货发出计价方法中，个别计价法下发出的存货实物与价值量一致，因而成本计算最为准确和符合实际情况，但其实物保管和成本分辨工作量大。(　　)

14. 固定资产出售、报废、毁损以及盘亏，均应通过"固定资产清理"科目计算出处置固定

资产的净损益后，再转入本年利润。（ ）

15. 固定资产清理净收益属于生产经营期间的，应计入“其他业务收入”账户。（ ）

四、计算分析题

第一题

A公司某年发生下列交易事项。

（1）2月1日，A公司从银行向C证券公司划出资金30 000 000元，用于证券投资。

（2）3月12日，A公司委托C证券公司从上海证券交易所购入B上市公司股票200 000股，每股市价8元，另支付相关交易费用3 500元，A公司将其划分为交易性金融资产进行核算。

（3）3月底，B上市公司股票市价9元。

（4）4月底，B上市公司股票市价8.5元。

（5）5月29日，B上市公司公布分红方案，每股分红0.2元。

（6）5月底，B上市公司股票市价8.1元。

（7）6月7日，A公司出售所有的B上市公司股票，每股售价9元，另支付相关交易费用5 200元。

要求：

（1）计算A公司购买的B上市公司股票作为交易性金融资产核算时的入账成本；

（2）计算3月份应确认的公允价值变动损益；

（3）计算4月份应确认的公允价值变动损益；

（4）计算5月份应确认的公允价值变动损益；

（5）计算A公司该年度因上述交易或事项而确认投资收益的金额。

第二题

甲企业为增值税一般纳税人，增值税税率为13%，按应收账款余额的3%计提坏账准备。某年11月1日，甲企业“应收账款”科目借方余额为200万元，“坏账准备”科目贷方余额为5万元。

某年11月份和12月份，甲企业发生如下相关业务。

（1）11月9日，一客户破产，根据清算程序，有应收账款20万元不能收回，确认为坏账损失。

（2）11月30日，收回之前已确认为坏账的货款，金额为10万元，已存入银行。

（3）12月21日，收到乙企业的销货款30万元，存入银行。

（4）11月5日，向乙企业赊销商品一批，开具的增值税专用发票上注明的售价为50万元，增值税税额为6.5万元。甲企业已将商品运抵乙企业，货款尚未收到。该批商品的成本为28万元。

要求：

（1）计算甲企业11月末“坏账准备”账户余额；

（2）计算甲企业年末“应收账款”余额；

（3）计算甲企业年末应计提的坏账准备金额；

（4）编制甲企业11月9日发生坏账的相关会计分录；

（5）编制甲企业年末计提坏账准备的会计分录。

第三题

天骄公司某年6月初存货500件，单价25元，当月原材料收发情况如下。

（1）5日，购入原材料200件，增值税专用发票上注明价款为5 600元，增值税税率为13%，材料尚未到达，签发商业承兑汇票支付货款。

（2）7 日，购入的 200 件原材料运抵企业，验收入库。

（3）8 日，为生产产品，领用原材料 400 件，车间领用 200 件。

（4）11 日，购入原材料 700 件，增值税专用发票上注明价款为 21 000 元，增值税税额为 2 730 元，材料已验收入库，以上月申请的银行汇票支付货款，票面金额 30 000 元。

（5）22 日，为生产产品，领用原材料 600 件。

（6）25 日，管理部门领用原材料 100 件。

（7）30 日，购入材料 300 件，材料已验收入库，但发票账单未到，暂估价 12 000 元。

要求：

（1）写出 6 月 5 日交易事项的账务处理；

（2）写出 6 月 30 日交易事项的账务处理；

（3）采用全月一次加权平均法计算本期发出材料的成本；

（4）采用先进先出法计算本期发出材料的成本；

（5）采用全月一次加权平均法编制本期发出材料的会计分录。

模块三 | 会计工作实务

任务 3.1 填制审核原始凭证

一、单项选择题

1.（ ）是记录经济业务发生或完成情况的书面证明，也是登记账簿的依据。

A. 科目汇总表 B. 会计凭证 C. 原始凭证 D. 记账凭证

2. 会计凭证按其（ ）的不同，分为原始凭证和记账凭证。

A. 填制程序和用途 B. 填制手续 C. 来源 D. 记账凭证

3. 下列不属于原始凭证的是（ ）。

A. 发货单据 B. 借款借据 C. 经济合同 D. 运费结算凭证

4. 下列属于原始凭证的是（ ）。

A. 材料请购单 B. 购销合同 C. 生产计划 D. 限额领料单

5. 下列选项中，不能证明经济业务发生并据以编制记账凭证的是（ ）。

A. 供应单位开具的发票 B. 收款单位开具的收据

C. 已签字生效的购销合同 D. 材料入库单

6. 汇总原始凭证与累计原始凭证的主要区别是（ ）。

A. 登记的经济业务内容不同 B. 填制时期不同

C. 会计核算工作繁简不同 D. 填制手续和方法不同

7. 以下凭证中，属于外来原始凭证的有（ ）。

A. 入库单 B. 出库单 C. 购货发票 D. 发料汇总表

8. 仓库保管人员填制的收料单属于企业的（ ）。

A. 外来原始凭证 B. 自制原始凭证 C. 汇总原始凭证 D. 累计原始凭证

9. 差旅费报销单按填制的手续及内容分类，属于原始凭证中的（ ）。

A. 一次凭证 B. 累计凭证 C. 汇总凭证 D. 专用凭证

10. 只反映一项经济业务，或同时反映若干项同类经济业务，凭证填制手续是一次完成的自制原始凭证，称为（　　）。

A. 累计凭证　　B. 一次凭证　　C. 汇总凭证　　D. 单式记账凭证

11. 根据一定时期内反映相同经济业务的多张原始凭证，按一定标准综合后一次填制完成的原始凭证是（　　）。

A. 累计凭证　　B. 一次凭证　　C. 汇总凭证　　D. 记账凭证

12. 在一定时期内多次记录同类经济业务的原始凭证是（　　）。

A. 复式凭证　　B. 一次凭证　　C. 汇总凭证　　D. 累计凭证

13. 限额领料单属于（　　）。

A. 通用凭证　　B. 一次凭证　　C. 累计凭证　　D. 汇总凭证

14. 下列凭证中，既是一次凭证，又是专用凭证的是（　　）。

A. 工资计算表　　B. 现金收据　　C. 限额领料单　　D. 付款通知书

15. 下列原始凭证中，属于外来原始凭证的是（　　）。

A. 入库单　　B. 收到的收款收据　　C. 工资结算表　　D. 差旅费报销单

16. 在填制会计凭证时，1 518.53 的大写金额数字为（　　）。

A. 壹仟伍佰拾捌元伍角叁分整　　B. 壹仟伍佰壹拾捌元伍角叁分整

C. 壹仟伍佰拾捌元伍角叁分　　D. 壹仟伍佰壹拾捌元伍角叁分

17. 原始凭证中的金额有错误的，应当（　　）。

A. 在原始凭证上更正　　B. 由出具单位更正并且加盖公章

C. 由经办人更正　　D. 由出具单位重开，不得在原始凭证上更正

18. 出纳人员在办理收款或付款后，应在（　　）上加盖“收讫”或“付讫”的戳记，以避免重收重付。

A. 记账凭证　　B. 原始凭证　　C. 收款凭证　　D. 付款凭证

19. 下列做法中，符合《会计基础工作规范》规定的是（　　）。

A. 自制原始凭证无须经办人签名或盖章

B. 外来原始凭证金额错误，可在原始凭证上更正，但需签名或盖章

C. 凡是账簿记录金额错误的，都可以采用“划线更正法”予以更正

D. 销售商品￥1 000.84，销货发票上的大写金额为：人民币壹仟元零捌角肆分

20. 人民币叁仟壹佰贰拾元伍角整在填写原始凭证小写金额时，应填写（　　）。

A. 3 120.5　　B. ￥3 120.5-　　C. ￥3 120.50　　D. ￥3 120.5

21. ￥3 005.50 在填写大写金额时，应填写（　　）。

A. 人民币叁仟零伍元伍角整　　B. 人民币叁仟伍元伍角整

C. 人民币叁仟零零伍元伍角整　　D. 人民币叁仟伍元伍角

22. 下列不属于原始凭证审核内容的是（　　）。

A. 凭证是否有填制单位的公章和填制人员签章

B. 凭证是否符合规定的审核程序

C. 凭证是否符合有关计划和预算

D. 会计科目的使用是否正确

23. 会计机构和会计人员对真实、合法、合理但内容不准确、不完整的原始凭证，应当（　　）。

A. 不予受理　　B. 予以受理

C. 予以纠正　　D. 予以退回，要求更正、补充

24. 会计机构和会计人员对不真实、不合法的原始凭证和违法收支，应当（　　）。

A. 不予接受　　B. 予以退回
C. 予以纠正　　D. 不予接受，并向单位负责人报告

25. 审核原始凭证所记录的经济业务是否符合企业生产经营活动的需要，是否符合有关的计划和预算，属于（　　）审核。

A. 合理性　B. 合法性　C. 真实性　D. 完整性

二、多项选择题

1. 下列属于原始凭证的是（　　）。

A. 生产计划　B. 发料凭证汇总表　C. 产品入库单　D. 收款收据

2. 下列属于外来原始凭证的是（　　）。

A. 供货方发票　　B. 销售发票
C. 职工出差取得的车票和住宿发票　　D. 仓库保管人员填制的收料单

3. 下列原始凭证中，属于单位自制原始凭证的是（　　）。

A. 收料单　　B. 限额领料单
C. 购料收到的增值税专用发票　　D. 领料单

4. 下列凭证中，属于外来原始凭证的是（　　）。

A. 付款收据　B. 购货发票　C. 施工单　D. 出差人员车票

5. 下列凭证中，属于汇总原始凭证的是（　　）。

A. 收料凭证汇总表　　B. 工资汇总表
C. 限额领料单　　D. 汇总付款凭证

6. 制造费用分配表属于（　　）。

A. 累计凭证　B. 自制原始凭证　C. 一次凭证　D. 外来原始凭证

7. 原始凭证必须具备的基本内容有（　　）。

A. 凭证名称、填制日期　　B. 经济业务内容摘要
C. 对应的记账凭证号数　　D. 填制和经办人员的签字、盖章

8. 下列选项中，符合填制会计凭证要求的有（　　）。

A. 汉字大小写金额必须相符且填写规范
B. 阿拉伯数字连笔书写
C. 阿拉伯数字前面的人民币符号写为“¥”
D. 大写金额中有分的，“分”字后面不写“整”或“正”字

9. 下列原始凭证中，属于单位自制原始凭证的是（　　）。

A. 收料单　　B. 限额领料单
C. 销售商品开出的增值税发票（记账联）　　D. 领料单

10. 对外来原始凭证进行审核的内容包括（　　）。

A. 填制单位公章和填制人员签章是否齐全　　B. 经济业务的内容是否真实
C. 是否有本单位公章和经办人签章　　D. 原始凭证的名称和日期

三、判断题

1. 填制和审核会计凭证是一种会计核算的专门方法。（　　）
2. 凭证中最具法律效力的是原始凭证。（　　）
3. 会计凭证按其取得的来源不同，可以分为原始凭证和记账凭证。（　　）
4. 发票、购货合同、收据等都是原始凭证。（　　）
5. 外来原始凭证一般都是一次凭证。（　　）

6. 累计凭证是在一定期间内根据多张相同的原始凭证累计而成的。（ ）

7. 填制原始凭证时，汉字大写金额数字一律用正楷或行书字书写；汉字大写金额数字到元位或角位为止的，后面必须写“正”或“整”，分位后面不写“正”或“整”。（ ）

8. 填制会计凭证时，所有以元为单位的阿拉伯数字，除单价等情况外，一律填写到角分；有角无分的，分位应当写“0”或用符号“-”代替。（ ）

9. 会计凭证上填写的“人民币”字样或符号“￥”与汉字大写金额数字或阿拉伯金额数字之间应留有空白。（ ）

10. 转账支票大小写金额或收款人姓名填错，如有更改，须在更改处加盖预留银行印鉴章。（ ）

11. 从外部取得的原始凭证，必须加盖填制单位的公章；从个人处取得的原始凭证，不需签名盖章。（ ）

12. 各种凭证不得随意涂改、刮擦、挖补，若填写有误，一律用划线法予以更正。（ ）

13. 如果原始凭证已预先印定编号，在写错作废时，应加盖“作废”戳记，妥善保管，不得撕毁。（ ）

14. 原始凭证的各项内容均不能涂改。（ ）

15. 原始凭证记载内容有错误的，应当由开具单位重开或更正，并在更正处加盖出具凭证单位印章。（ ）

任务 3.2 填制审核记账凭证

一、单项选择题

1. 登记账簿的直接依据是（ ）。

A. 经济业务　B. 原始凭证　C. 会计报表　D. 记账凭证

2. 除了结账和更正错账以外，填制记账凭证的依据只能是（ ）。

A. 原始凭证　B. 会计账簿　C. 审核无误的原始凭证　D. 会计报表

3. 在会计实务中，记账凭证按其所反映经济内容的不同，可以分为（ ）。

A. 单式凭证和复式凭证　B. 收款凭证、付款凭证和转账凭证
C. 通用凭证和专用凭证　D. 一次凭证、累计凭证和汇总凭证

4. 一项经济业务涉及的每个会计科目单独填制一张记账凭证，每一张记账凭证中只登记一个会计科目，这种凭证叫作（ ）。

A. 单式记账凭证　B. 专用记账凭证　C. 通用记账凭证　D. 一次凭证

5. 企业常用的收款凭证、付款凭证和转账凭证均属于（ ）。

A. 单式记账凭证　B. 复式记账凭证　C. 一次凭证　D. 通用凭证

6. 下列业务中，应该填制现金收款凭证的是（ ）。

A. 出售产品一批，款未收　B. 从银行提取现金
C. 出售产品一批，收到一张转账支票　D. 出售多余材料，收到现金

7. 销售产品50 000元，收到一张期限为6个月的商业承兑汇票，应填制的记账凭证是（ ）。

A. 收款凭证　B. 付款凭证　C. 转账凭证　D. 汇总凭证

8. 企业出售产品一批，售价5 000元，收到一张转账支票送存银行。这笔业务应编制的记账凭证为（ ）。

A. 收款凭证　B. 付款凭证　C. 转账凭证　D. 以上均可

9. 接收外单位投资的汽车一辆，应填制（　　）。

A. 收款凭证　B. 付款凭证　C. 转账凭证　D. 汇总凭证

10. 根据企业材料仓库保管员填制的发料单或发料凭证汇总表，通常应编制（　　）。

A. 付款凭证　B. 原始凭证　C. 转账凭证　D. 收款凭证

11. 职工张某出差归来后报销差旅费 1 900 元，交回多余现金 100 元，应编制的记账凭证是（　　）。

A. 收款凭证　B. 转账凭证
C. 收款凭证和转账凭证　D. 收款凭证和付款凭证

12. 用转账支票支付前欠货款，应填制（　　）。

A. 转账凭证　B. 收款凭证　C. 付款凭证　D. 原始凭证

13. 对于“企业赊购一批原材料，已经验收入库”的经济业务，应当编制（　　）。

A. 收款凭证　B. 付款凭证
C. 转账凭证　D. 付款凭证或转账凭证

14. 月末，甲产品完工入库 2 000 件，成本为 15 元/件，该项业务应填制（　　）。

A. 转账凭证　B. 付款凭证　C. 收款凭证　D. 原始凭证

15. 从银行提取现金 3 000 元备用，应填制（　　）。

A. 收款凭证　B. 付款凭证　C. 转账凭证　D. 原始凭证

16. 下列各项中，（　　）不属于记账凭证的基本要素。

A. 交易或事项的内容摘要　B. 交易或事项的数量、单价和金额
C. 应记会计科目、方向及金额　D. 凭证附件

17. 记账凭证的填制是由（　　）完成的。

A. 出纳人员　B. 会计人员　C. 经办人员　D. 主管人员

18. 4 月 15 日，行政管理人员王强将标明日期为 3 月 26 日的发票拿来报销，经审核会计人员依据该发票编制记账凭证时，记账凭证的日期应为（　　）。

A. 3 月 26 日　B. 3 月 31 日　C. 4 月 15 日　D. 4 月 1 日

19. 下列记账凭证中，可以不附原始凭证的是（　　）。

A. 所有收款凭证　B. 所有付款凭证
C. 所有转账凭证　D. 用于结账的记账凭证

20. 以下付款凭证科目借贷对应方式中，正确的是（　　）。

A. 多借多贷　B. 多贷一借　C. 多借一贷　D. 以上全都正确

21. 某企业根据一张发料凭证汇总表编制记账凭证，由于涉及项目较多，需填制两张记账凭证，则记账凭证的编号为（　　）。

A. 转字第某某号　B. 收字第某某号
C. 转字第某某 1/2 号和转字第某某 2/2 号　D. 收字第某某 1/2 号和收字第某某 2/2 号

22. 记账凭证填制完毕加计合计数以后，如有空行，应（　　）。

A. 空置不填　B. 划线注销　C. 盖章注销　D. 签字注销

23. 原始凭证较多时可单独装订，但应同时在所属的记账凭证上注明（　　）及原始凭证的名称和编号，以便查阅。

A. 单独装订　B. 附件另订　C. 装订日期　D. 装订人

24. 反映付款业务的会计凭证不得由（　　）填制。

A. 会计主管　B. 出纳人员　C. 单位负责人　D. 其他会计人员

25. 经济业务较少的单位可以采用（　　）来记录所有经济业务。

A. 原始凭证　　B. 通用记账凭证　　C. 专用记账凭证　　D. 汇总记账凭证

二、多项选择题

1. 下列选项中，属于记账凭证基本内容的是（　　）。

A. 填制日期　　B. 凭证编号

C. 经济业务的内容摘要　　D. 记账标记

2. 专用记账凭证按其所反映的经济业务是否与现金和银行存款有关，通常可以分为（　　）。

A. 收款凭证　　B. 付款凭证　　C. 转账凭证　　D. 结算凭证

3. 下列选项中，可以作为银行存款日记账记账依据的是（　　）。

A. 银行存款收款凭证　　B. 银行存款付款凭证

C. 库存现金收款凭证　　D. 库存现金付款凭证

4. 涉及现金与银行存款之间的划款业务时，可以编制的记账凭证有（　　）。

A. 银行存款收款凭证　　B. 银行存款付款凭证

C. 库存现金收款凭证　　D. 库存现金付款凭证

5. 收款凭证的借方科目可能是（　　）。

A. 应收账款　　B. 库存现金　　C. 银行存款　　D. 应付账款

6. 按照规定，除（　　）的记账凭证可以不附原始凭证，其他记账凭证必须附有原始凭证。

A. 提取现金　　B. 结账　　C. 更正错账　　D. 现金存入银行

7. 记账凭证的填制必须做到记录真实、内容完整、填制及时、书写清楚，还必须符合下列哪几项要求？（　　）。

A. 如有空行，应当在空行处划线注销

B. 发生错误时应该按规定的方法更正

C. 必须连续编号

D. 除另有规定外，应该有附件并注明附件张数

8. 在填制记账凭证时，下列做法中，错误的有（　　）。

A. 将不同业务类型的原始凭证合并编制一份记账凭证

B. 一个月内的记账凭证连续编号

C. 从银行提取库存现金时只填制库存现金收款凭证

D. 更正错账的记账凭证时不附原始凭证

9. 付款凭证属于（　　）。

A. 记账凭证　　B. 复式记账凭证　　C. 原始凭证　　D. 专用记账凭证

10. 记账凭证审核的主要内容是（　　）。

A. 有关项目是否填制完整

B. 有关售货员的签章是否齐全

C. 所编制的会计分录是否正确

D. 所附原始凭证的经济内容与记账凭证是否一致

三、判断题

1. 记账凭证既是记录经济业务发生和完成情况的书面证明，又是登记账簿的依据。（　　）

2. 记账凭证可以作为登记账簿的直接依据，原始凭证则不能作为登记账簿的直接依据。（　　）

3. 某会计人员在审核记账凭证时，发现误将1 000元写成了100元，尚未入账，这时只要重

新编制记账凭证即可。 （ ）

4. 凡是现金或银行存款增加的经济业务必须填制收款凭证。 （ ）

5. 为了简化工作手续，可以将不同内容和类别的原始凭证汇总后填制在一张记账凭证上。 （ ）

6. 记账人员根据记账凭证记账后，在“记账符号”栏内做“√”记号，表示该笔金额已记入有关账户，以免漏记或重记。 （ ）

7. 在编制记账凭证时，原始凭证就是记账凭证的附件。 （ ）

8. 对于数量过多的原始凭证，可以单独装订保管，但应在记账凭证上注明“附件另订”。 （ ）

9. 记账凭证是根据审核无误的原始凭证填制的，因此，所有的记账凭证都必须根据审核无误的原始凭证填制。 （ ）

10. 现金收款凭证上的填写日期应当是编制收款凭证的日期。 （ ）

任务 3.3 设立和启用会计账簿

一、单项选择题

1. 账簿按（ ）不同，可分为两栏式账簿、三栏式账簿、多栏式账簿和数量金额式账簿。
   A. 用途 B. 作用 C. 账页格式 D. 外形特征

2. 账簿按（ ）不同，可分为订本账、活页账和卡片账。
   A. 作用 B. 账页格式 C. 用途 D. 外形特征

3. 对全部经济业务事项按照会计要素的具体类别而设置的分类账户进行登记的账簿，称为（ ）。
   A. 备查账簿 B. 序时账簿 C. 分类账簿 D. 三栏式账簿

4. 编制会计报表的主要依据是（ ）提供的核算信息。
   A. 日记账 B. 分类账簿 C. 备查账簿 D. 科目汇总表

5. 将相关的业务登记在一行，从而可依据每一行各个栏目的登记是否齐全来判断该项业务进展情况的明细分类账格式属于（ ）。
   A. 三栏式 B. 多栏式 C. 数量金额式 D. 横线登记式

6. 日记账簿一般采用（ ）形式。
   A. 订本账 B. 活页账 C. 卡片账 D. 横线登记式账

7. 在启用之前就已将账页装订在一起，并对账页进行了连续编号的账簿称为（ ）。
   A. 订本账 B. 活页账 C. 卡片账 D. 联合式账

8. 下列账簿中，一般采用活页账形式的是（ ）。
   A. 日记账 B. 总分类账 C. 明细分类账 D. 备查账

9. 下列明细分类账中，一般不宜采用三栏式账页格式的是（ ）。
   A.“应收账款”明细账 B.“应付账款”明细账
   C.“实收资本”明细账 D.“原材料”明细账

10. 企业临时租入的固定资产应（ ）。
   A. 在总分类账簿中登记 B. 在明细分类账簿中登记
   C. 在备查账簿中登记 D. 无须在账簿中做任何登记

11. 必须采用订本式账簿的是（ ）。
   A.“原材料”明细账 B.“库存商品”明细账
   C.“银行存款”日记账 D. 固定资产登记簿

12. “生产成本”明细账应采用（ ）。

A. 三栏式 B. 多栏式 C. 数量金额式 D. 横线登记式

13. “应交税费——应交增值税”明细账应采用的格式是（ ）。

A. 借方多栏式 B. 贷方多栏式 C. 借方贷方多栏式 D. 三栏式

14. 下列明细账户中，应采用贷方多栏式账页格式的是（ ）。

A. 管理费用 B. 主营业务收入

C. 本年利润 D. 应交税费——应交增值税

15. “库存商品”明细账一般采用（ ）。

A. 订本账簿 B. 三栏式账簿 C. 分类账簿 D. 数量金额式账簿

16. 下列明细分类账中，适用于登记材料采购业务的是（ ）。

A. 三栏式明细分类账 B. 多栏式明细分类账

C. 数量金额式明细分类账 D. 横线登记式明细分类账

17. “租入固定资产登记簿”属于（ ）。

A. 分类账簿 B. 序时账簿 C. 备查账簿 D. 卡片账簿

18. 卡片账一般在（ ）时采用。

A. 固定资产总分类核算 B. 固定资产明细分类核算

C. 原材料总分类核算 D. 原材料明细分类核算

19. 将账簿划分为序时账簿、分类账簿和备查账簿的依据是（ ）。

A. 账簿的用途 B. 账页的格式 C. 账簿的外形特征 D. 账簿的性质

20. 会计账簿在会计核算中处于重要地位，是会计核算的（ ）。

A. 首要环节 B. 最终环节 C. 基础环节 D. 中间环节

21. 对某些在序时账簿和分类账簿等主要账簿中都不予登记或登记不够详细的经济业务事项进行补充登记时使用的账簿称为（ ）。

A. 日记账 B. 总分类账簿 C. 备查账簿 D. 联合账簿

22. 总分类账一般采用的账页格式为（ ）。

A. 两栏式 B. 三栏式 C. 多栏式 D. 数量金额式

23. “原材料”明细账一般采用的账页格式为（ ）。

A. 两栏式 B. 三栏式 C. 多栏式 D. 数量金额式

24. 在我国，单位一般只对（ ）的核算采用卡片账形式。

A. 库存现金 B. 应收账款 C. 库存商品 D. 固定资产

25. 下列账簿中，可以跨年度连续使用的是（ ）。

A. 总账 B. 备查账 C. 日记账 D. 多数明细账

二、多项选择题

1. 会计账簿按经济用途的不同，可以分为（ ）。

A. 序时账簿 B. 分类账簿 C. 联合账簿 D. 备查账簿

2. 账簿按外形特征可以分为（ ）。

A. 订本式账簿 B. 多栏式账簿 C. 活页式账簿 D. 卡片式账簿

3. 账簿按其账页格式可划分为（ ）。

A. 两栏式 B. 三栏式 C. 多栏式 D. 数量金额式

4. （ ）提供的核算信息是编制会计报表的主要依据。

A. 序时账 B. 总账 C. 明细账 D. 备查账

5. 订本账一般适用于（ ）。

A. 总分类账　　B. 库存现金日记账
C. 银行存款日记账　　D. 明细分类账

6. 下列各账户中，既要提供金额指标，又要提供实物指标的明细分类账户有（ ）。

A. “库存商品”账户　　B. “原材料”账户
C. “生产成本”账户　　D. “在建工程”账户

7. 下列账簿中，可以采用三栏式的是（ ）。

A. 日记账　　B. 总分类账　　C. 资本明细账　　D. 债权债务明细账

8. 下列账簿中，一般采用多栏式的是（ ）。

A. 收入明细账　　B. 债权明细账　　C. 费用明细账　　D. 债务明细账

9. 库存现金日记账可以采用的账页格式有（ ）。

A. 三栏式　　B. 多栏式　　C. 数量金额式　　D. 横线登记式

10. 会计账簿的基本内容有（ ）。

A. 封面　　B. 封底　　C. 扉页　　D. 账页

三、判断题

1. 设置和登记账簿是编制会计报表的基础，是连接会计凭证与会计报表的中心环节。（ ）
2. 序时账和分类账所提供的核算信息是编制会计报表的主要依据。（ ）
3. 各种明细账除可采用活页账的外表形式外，还可采用卡片账的外表形式。（ ）
4. 只进行金额核算的明细分类账户都应采用三栏式的账页格式。（ ）
5. 各种日记账，总账以及资本、债权债务明细账都可采用三栏式账簿。（ ）
6. 多栏式明细账一般适用于资产类账户。（ ）
7. “应收账款”明细账应采用三栏式账页的订本账。（ ）
8. “原材料”明细账应采用数量金额式的活页账。（ ）
9. 在我国，单位一般只对原材料的明细核算采用卡片账。（ ）
10. 总分类账一般采用订本账，明细分类账一般采用活页账。（ ）
11. 主要账簿中不予登记或登记不详细的经济业务，可以在备查账簿中予以登记。（ ）
12. “库存商品”明细账一般采用多栏式账簿。（ ）
13. 活页账无论是在账簿登记完毕之前还是之后，账页都不固定装订在一起，而是装在活页账夹中。（ ）
14. 严格地说，卡片账也是一种活页账，只不过它不是装在活页账夹中，而是装在卡片箱内。（ ）
15. 启用会计账簿时，应当在账簿封面上写明单位名称和账簿名称，并在账簿扉页上附启用表。（ ）

任务 3.4　登记日记账和明细账

一、单项选择题

1. 下列做法中，不符合会计账簿记账规则的是（ ）。

A. 账簿中书写的文字和数字一般应占格距的 1/2
B. 登记后在记账凭证上注明已经登账的符号
C. 使用圆珠笔登账
D. 按账簿页次顺序连续登记，不得跳行隔页

2. 从银行提取现金，登记库存现金日记账的依据是（ ）。

A. “库存现金”收款凭证　　B. “银行存款”收款凭证

C. “库存现金”付款凭证　　D. “银行存款”付款凭证

3. 账簿登记完毕后在记账凭证上做出记账标记，主要是为了（ ）。

A. 便于明确记账责任　　B. 避免错行或漏页

C. 避免重记或漏记　　D. 避免凭证丢失

4. 在登记账簿时，如果经济业务的发生日期为某年10月12日，编制记账凭证的日期为10月16日，登记账簿的日期为10月17日，则账簿中的“日期”栏登记的时间为（ ）。

A. 10月12日　　B. 10月16日

C. 10月17日　　D. 10月16日或10月17日

5. 下列明细账中，不必逐日逐笔登记的有（ ）。

A. “原材料”明细账　　B. “应收账款”明细账

C. “应付账款”明细账　　D. “固定资产”明细账

二、多项选择题

1. 下列情况中，可以用红色墨水记账的有（ ）。

A. 在不设借贷等栏的多栏式账页中，登记减少数

B. 按照红字冲账的记账凭证，冲销错误记录

C. 在三栏式账页的余额栏前，如未印明余额方向的，在余额栏内登记负数余额

D. 根据国家统一会计制度的规定，可以用红字登记的其他会计记录

2. 登记会计账簿时应该做到（ ）。

A. 一律使用蓝黑墨水或碳素墨水书写　　B. 月末结账划线可用红色墨水

C. 在某些特定条件下可使用铅笔　　D. 在规定范围内可以使用红色墨水

3. 以下凭证中，可以作为库存现金日记账收入栏登记依据的有（ ）。

A. 库存现金收款凭证　　B. 库存现金付款凭证

C. 个别银行存款收款凭证　　D. 个别银行存款付款凭证

4. 库存现金日记账应根据（ ）登记。

A. 库存现金收款凭证　　B. 库存现金付款凭证

C. 部分银行存款收款凭证　　D. 部分银行存款付款凭证

5. 银行存款日记账可以采用的账页格式有（ ）。

A. 三栏式　　B. 多栏式　　C. 数量金额式　　D. 横线登记式

6. 下列登记银行存款日记账的方法中，正确的有（ ）。

A. 逐日逐笔登记并逐日结出余额

B. 根据企业在银行开立的账户和币种分别设置日记账

C. 使用订本账

D. 业务量少的单位用银行对账单代替日记账

7. 以下三栏式库存现金、银行存款日记账的登记处理中，正确的是（ ）。

A. 均由出纳员负责登记　　B. 逐日逐笔顺序登记

C. 每日结出余额，以便进行核对　　D. 根据收付款业务的原始凭证登记

8. 下列明细账中，一般采用多栏式明细分类账的有（ ）。

A. “应收账款”明细账　　B. “库存商品”明细账

C. “生产成本”明细账　　D. “本年利润”明细账

9. 数量金额式账簿的收入、发出和结存三大栏内，都分设（　　）三个小栏。

A. 数量　　B. 种类　　C. 单价　　D. 金额

10.（　　）明细账既可逐日逐笔登记，又可定期汇总登记。

A. 固定资产　　B. 库存商品　　C. 应收账款　　D. 管理费用

三、**判断题**

1. 库存现金日记账和银行存款日记账的登记不需依据转账凭证。（　　）

2. 记账凭证必须经过审核才能用来登记账簿。（　　）

3. 所有日记账和明细账的登记都必须依据经审核的记账凭证。（　　）

4. 除结账和更正错账外，一律不得用红色墨水登记账簿。（　　）

5. 登记账簿时要用蓝黑墨水或碳素墨水书写，不得使用铅笔书写，但可使用钢笔或圆珠笔书写。（　　）

6. 每一账页登记完毕结转下页时，应当结出本页合计数及余额，写在本页最后一行和下页第一行相关栏内，并在摘要栏内注明“过次页”和“承前页”字样。（　　）

7. 库存现金日记账的账页格式均为三栏式，而且必须使用订本账。（　　）

8. “应收账款”明细账户若出现贷方余额，而该账户的余额栏前又未印明余额方向的，应用红字登记其余额。（　　）

9. 明细分类账的登记依据只能是记账凭证。（　　）

10. 费用明细账一般采用三栏式账簿。（　　）

11. 横线登记式明细分类账一般适用于登记材料采购业务、应收票据和一次性备用金业务。（　　）

12. 为了实行钱账分管原则，通常由出纳人员填制收款凭证和付款凭证，由会计人员登记现金日记账和银行存款日记账。（　　）

13. 对于现金与银行存款相互划转的经济业务，必须根据收款凭证和付款凭证登记账簿。（　　）

14. 日记账就是每日都记录的账簿。（　　）

15. “生产成本”账户月末如有余额，则表明企业期末有在产品，因而该账户进行明细分类核算时既要登记在产品的数量，又要登记在产品的金额。（　　）

任务 3.5　登记总分类账

一、**单项选择题**

1. 下列选项中，不能作为登记总分类账依据的是（　　）。

A. 记账凭证　　B. 原始凭证　　C. 科目汇总表　　D. 汇总记账凭证

2. 直接根据记账凭证逐笔登记总分类账的账务处理程序是（　　）。

A. 记账凭证账务处理程序　　B. 汇总记账凭证账务处理程序

C. 科目汇总表账务处理程序　　D. 日记总账账务处理程序

3. 下列属于记账凭证账务处理程序优点的是（　　）。

A. 总分类账反映较详细　　B. 减轻了登记总分类账的工作量

C. 有利于会计核算的日常分工　　D. 便于核对账目和进行试算平衡

4. 汇总记账凭证账务处理程序与科目汇总表账务处理程序的相同点是（　　）。

A. 登记总账的依据相同　　B. 记账凭证的汇总方法相同

C. 保持了账户间的对应关系　　D. 简化了登记总分类账的工作量

5. 科目汇总表定期汇总的是（　　）。

A. 每一账户的本期借方发生额　　B. 每一账户的本期贷方发生额

C. 每一账户的本期借、贷方发生额　　D. 每一账户的本期借、贷方余额

6. 为便于科目汇总表的编制，平时填制记账凭证时，应尽可能地使账户之间的对应关系保持为（　　）。

A. 一借一贷　　B. 一借多贷　　C. 一贷多借　　D. 多借多贷

7. 记账凭证账务处理程序和汇总记账凭证账务处理程序的主要区别是（　　）。

A. 凭证及账簿组织不同　　B. 记账方法不同

C. 记账程序不同　　D. 登记总账的依据和方法不同

8. 科目汇总表是依据（　　）编制的。

A. 记账凭证　　B. 原始凭证　　C. 原始凭证汇总表　　D. 各种总账

9. 汇总记账凭证是依据（　　）编制的。

A. 记账凭证　　B. 原始凭证　　C. 原始凭证汇总表　　D. 各种总账

10. 适用于规模较小、业务量不多单位的账务处理程序是（　　）。

A. 记账凭证账务处理程序　　B. 科目汇总表账务处理程序

C. 汇总记账凭证账务处理程序　　D. 多栏式日记账账务处理程序

二、多项选择题

1. 常用的账务处理程序主要有（　　）。

A. 记账凭证账务处理程序　　B. 汇总记账凭证账务处理程序

C. 科目汇总表账务处理程序　　D. 日记总账账务处理程序

2. 适用于生产经营规模较大、业务量较多企业的账务处理程序是（　　）。

A. 多栏式日记账账务处理程序　　B. 记账凭证账务处理程序

C. 汇总记账凭证账务处理程序　　D. 科目汇总表账务处理程序

3. 下列属于汇总记账凭证会计核算程序特点的是（　　）。

A. 根据原始凭证编制汇总原始凭证　　B. 根据记账凭证定期编制汇总记账凭证

C. 根据记账凭证定期编制科目汇总表　　D. 根据汇总记账凭证登记总账

4. 下列属于科目汇总表账务处理程序优点的是（　　）。

A. 反映内容详细　　B. 简化总账登记

C. 便于试算平衡　　D. 能反映账户对应关系

5. 在常见的会计核算程序中，共同的账务处理工作是（　　）。

A. 均应填制和取得原始凭证　　B. 均应编制记账凭证

C. 均应填制汇总记账凭证　　D. 均应设置和登记总账

6. 对于常用的各种会计核算程序，它们在（　　）方面有共同之处。

A. 编制记账凭证的依据　　B. 登记日记账的依据

C. 编制会计报表的依据　　D. 登记总分类账的依据

7. 下列选项中，可以根据记账凭证汇总编制的有（　　）。

A. 科目汇总表　　B. 汇总付款凭证　　C. 发出材料汇总表　　D. 汇总转账凭证

8. 总分类账户和明细分类账户平行登记要求做到（　　）。

A. 登记次数相同　　B. 登记会计期间相同

C. 记账的方向相同　　D. 登记的金额相同

9. 以下登记总账的方法中，正确的有（　　）。
   A. 根据记账凭证逐笔登记总账
   B. 根据原始凭证或汇总记账凭证登记总账
   C. 根据科目汇总表登记总账
   D. 根据明细账逐笔登记总账
10. 下列有关总分类账户与明细分类账户关系的说法中，正确的有（　　）。
   A. 反映的经济业务内容相同　　B. 登记账簿的原始依据相同
   C. 反映经济业务内容的详细程度不同　　D. 作用不同

三、判断题

1. 总分类账户与所属明细分类账户登记的原始依据和详细程度不同。（　　）
2. 各种账务处理程序的主要区别是登记总账的依据不同。（　　）
3. 汇总记账凭证账务处理程序适合规模小、业务量少的单位。（　　）
4. 科目汇总表账务处理程序能科学地反映账户的对应关系，且便于账目核对。（　　）
5. 汇总记账凭证账务处理程序既能保持账户的对应关系，又能减轻登记总分类账的工作量。（　　）
6. 由于各个企业的业务性质、组织规模、管理上的要求不同，故企业应根据自身的特点，制定出恰当的会计账务处理程序。（　　）
7. 记账凭证账务处理程序的主要特点是直接根据各种记账凭证登记总账。（　　）
8. 科目汇总表账务处理程序的主要特点是根据记账凭证编制科目汇总表，并根据科目汇总表填制报表。（　　）
9. 记账凭证账务处理程序一般适用于规模小、业务复杂、凭证较多的单位。（　　）
10. 科目汇总表不仅可以减轻登记总分类账的工作量，还可以起到试算平衡的作用。（　　）
11. 科目汇总表账务处理程序只适用于经济业务不太复杂的中小型单位。（　　）
12. 企业不论采用哪种会计核算形式，都必须设置日记账、总分类账和明细分类账。（　　）
13. 各种会计核算形式的共同点之一是编制会计报表的方法相同。（　　）
14. 库存现金日记账和银行存款日记账不论在何种会计核算形式下，都是根据收款凭证和付款凭证逐日逐笔顺序登记的。（　　）
15. 为了便于填制汇总转账凭证，平时填制转账凭证时，应尽可能使账户的对应关系保持“一借一贷”或“一借多贷”，避免出现“一贷多借”或“多借多贷”。（　　）

任务 3.6　对账、错账更正与结账

一、单项选择题

1. 下列选项中，属于账证核对内容的是（　　）。
   A. 会计账簿与记账凭证核对　　B. 总分类账簿与所属明细分类账簿核对
   C. 原始凭证与记账凭证核对　　D. 银行存款日记账与银行对账单核对
2. 下列选项中，不属于账实核对内容的是（　　）。
   A. 库存现金日记账余额与库存现金数核对
   B. 银行存款日记账余额与银行对账单余额核对
   C. 账簿记录与原始凭证核对
   D. 债权债务明细账余额与对方单位的账簿记录核对

3. 下列对账工作中，属于账实核对的是（　　）。

A. 银行存款日记账与银行对账单核对

B. 总分类账与所属明细分类账核对

C. 会计部门的财产物资明细账与财产物资保管部门的有关明细账核对

D. 总分类账与日记账核对

4. 下列不属于账账核对的是（　　）。

A. 明细分类账簿之间的核对

B. 总分类账簿与所属明细分类账簿之间的核对

C. 总分类账簿与序时账簿之间的核对

D. 会计账簿与原始凭证之间的核对

5. 企业银行存款日记账与银行对账单的核对属于（　　）。

A. 账实核对　　B. 账账核对　　C. 账证核对　　D. 账表核对

6. 会计记录如出现差错有多种查找方法，如从会计凭证开始逐笔与账簿记录进行核对查找，这种方法称为（　　）。

A. 顺查法　　B. 逆查法　　C. 抽查法　　D. 偶合法

7. 企业开出转账支票 1 790 元，用于购买办公用品。编制记账凭证时，误记金额为 1 970 元，科目及方向无误并已记账，应采用的更正方法是（　　）。

A. 补充登记 180 元　　B. 红字冲销 180 元

C. 在凭证中划线更正　　D. 把错误凭证撕掉重编

8. 记账凭证无误，根据记账凭证登账时，误将 100 元记为 1 000 元，应采用（　　）进行更正。

A. 红字更正法　　B. 补充登记法　　C. 划线更正法　　D. 平行登记法

9. 填制记账凭证时无误，根据记账凭证登记账簿时，将 10 000 元误记为 1 000 元，已登记入账，更正时应采用（　　）。

A. 划线更正法　　B. 红字更正法　　C. 补充登记法　　D. 更换账页法

10. 企业生产车间因生产产品领用材料 50 000 元，在填制记账凭证时，将借方科目记为“管理费用”并已登记入账，此时应采用的错账更正方法是（　　）。

A. 划线更正法　　B. 红字更正法　　C. 补充登记法　　D. 重填记账凭证法

二、多项选择题

1. 对账的内容一般包括（　　）。

A. 账证核对　　B. 账账核对　　C. 账实核对　　D. 账表核对

2. 以下内容中，属于对账范围的有（　　）。

A. 账簿记录与有关会计凭证的核对

B. 库存商品明细账余额与库存商品的核对

C. 日记账余额与有关总分类账户余额的核对

D. 账簿记录与报表记录的核对

3. 下列对账工作中，属于账账核对的是（　　）。

A. 银行存款日记账与银行对账单的核对

B. 应收、应付款项明细账与债权债务人账项的核对

C. 财产物资明细账与财产物资保管明细账的核对

D. 库存现金日记账余额与库存现金总账余额的核对

4. 错账更正的方法一般有（　　）。

A. 平行登记法　　B. 划线更正法　　C. 补充登记法　　D. 红字更正法

5. 下列内容中，属于结账工作的有（　　）。

A. 结算有关账户的本期发生额及期末余额　　B. 编制试算平衡表

C. 清点库存现金　　D. 按照权责发生制对有关账项进行调整

三、判断题

1. 账簿记录正确并不一定能保证账实相符。（　　）

2. 企业应收应付款明细账与对方单位账户记录核对属于账实核对。（　　）

3. 会计部门的财产物资明细账期末余额与财产物资使用部门的财产物资明细账期末余额相核对，属于账账核对。（　　）

4. 会计人员在记账以后，若发现所依据的记账凭证中的应借、应贷会计科目有错误，则不论金额多记还是少记，均应采用红字更正法进行更正。（　　）

5. 如果在结账前发现账簿记录有文字或数字错误，而记账凭证没有错误，则可采用划线更正法，也可采用红字更正法。（　　）

6. 红字更正法适用于记账凭证所记会计科目错误，或者会计科目无误而所记金额大于应记金额，从而引起的记账错误。（　　）

7. 企业因撤销、合并而办理账务交接时，应进行结账工作。（　　）

8. 无论是红字更正法还是补充登记法，更正凭证的编号都应与错误凭证相同。（　　）

9. 对需按月结计本期发生额，但不需结计本年累计发生额的账户，月末结账时，只需在最后一笔经济业务事项记录之下通栏划单红线，不需要再结计一次余额。（　　）

10. 凡需结出余额的账户，结出余额后，应在“借或贷”栏内写明“借”或“贷”字样。没有余额的账户，在余额栏内用“0”表示即可。（　　）

任务 3.7　财产清查

一、单项选择题

1. 财产清查是用来检查（　　）的一种专门方法。

A. 账实是否相符　　B. 账账是否相符　　C. 账表是否相符　　D. 账证是否相符

2. 某企业遭受洪灾后，对其受损的财产物资进行的清查，属于（　　）。

A. 局部清查和定期清查　　B. 全面清查和定期清查

C. 局部清查和不定期清查　　D. 全面清查和不定期清查

3. 现金出纳人员发生变动时，应对其保管的库存现金进行清查，这种财产清查属于（　　）。

A. 全面清查和定期清查　　B. 局部清查和不定期清查

C. 全面清查和不定期清查　　D. 局部清查和定期清查

4. 单位主要领导调离工作岗位前进行的财产清查，应属于（　　）。

A. 重点清查　　B. 全面清查　　C. 局部清查　　D. 定期清查

5. 在实际工作中，企业一般将（　　）作为财产物资的盘存制度。

A. 收付实现制　　B. 权责发生制　　C. 永续盘存制　　D. 实地盘存制

6. 对各项财产物资的增减数都须根据有关凭证逐笔或逐日登记有关账簿并随时结出账面余额的方法称为（　　）。

A. 永续盘存制　　B. 实地盘存制　　C. 权责发生制　　D. 收付实现制

7. 企业通过实地盘点法先确定期末存货的数量，然后倒挤出本期发出存货的数量，这种处理制度称为（　　）。

A. 权责发生制　B. 收付实现制　C. 账面盘存制　D. 实地盘存制

8. 采用实地盘存制时，平时账簿记录中不能反映（　　）。

A. 财产物资的增加数　B. 财产物资的减少数

C. 财产物资的增加和减少数　D. 财产物资的盘盈数

9. 库存现金清查的方法是（　　）。

A. 核对账目法　B. 实地盘点法　C. 技术推算法　D. 发函询证法

10. 进行库存现金清查盘点时，（　　）必须在场。

A. 记账人员　B. 出纳人员　C. 单位领导　D. 会计主管

11. 对大量堆积的煤炭进行清查时，一般采用（　　）法。

A. 实地盘点　B. 抽查检验　C. 技术推算盘点　D. 查询核对

12. 在财产清查中，实物盘点的结果应如实登记在（　　）中。

A. 盘存单　B. 账存实存对比表　C. 对账单　D. 盘盈盘亏报告表

13. 实存账存对比表是一种（　　）。

A. 备查账簿　B. 记账凭证　C. 会计账簿　D. 原始凭证

14. 下列选项中，清查时应采用实地盘点法的是（　　）。

A. 应收账款　B. 应付账款　C. 银行存款　D. 固定资产

15. 某企业采用先进先出法计算发出材料的成本。某年5月1日结存A材料200千克，实际成本为200元/千克。5月4日和5月17日分别购进A材料300千克和400千克，实际成本分别为180元/千克和220元/千克；5月10日和5月27日分别发出A材料400千克和350千克。A材料月末账面余额为（　　）元。

A. 30 000　B. 30 333　C. 32 040　D. 33 000

16. 对应收账款进行清查时应采用的方法是（　　）。

A. 技术推算法　B. 实地盘点法　C. 发函询证法　D. 抽查法

17. 对银行存款进行清查时，应将（　　）与银行对账单进行逐笔核对。

A. 银行存款总账　B. 银行存款日记账　C. 银行支票备查簿　D. 库存现金日记账

18. 银行存款清查中发现的未达账项应编制（　　）来检查调整后的余额是否相等。

A. 对账单　B. 实存账存对比表

C. 盘存单　D. 银行存款余额调节表

19. 月末企业银行存款日记账余额为180 000元，银行对账单余额为170 000元，经过未达账项调节后的余额为160 000元，则对账日企业可以动用的银行存款实有数额为（　　）元。

A. 180 000　B. 160 000　C. 170 000　D. 不能确定

20. 银行存款日记账余额为56 000元，调整前银行已收、企业未收的款项为2 000元，企业已收、银行未收款项为1 200元，银行已付、企业未付款项为3 000元。则调整后银行存款余额为（　　）元。

A. 56 200　B. 55 000　C. 58 000　D. 51 200

二、多项选择题

1. 以下情况中，可能造成账实不符的有（　　）。

A. 财产收发计量或检验不准　B. 管理不善

C. 未达账项　D. 账簿记录发生差错

2. 现金出纳每天工作结束前都要将库存现金日记账结清并与库存现金实存数进行核对，这属于（　　）。

A. 定期清查　　B. 不定期清查　　C. 全面清查　　D. 局部清查

3. 在哪些情况下，企业应对其财产进行全面清查？（　　）

A. 年终决算前　　B. 企业进行股份制改制前

C. 更换仓库保管员时　　D. 企业破产时

4. 发生哪些情况时，需要对财产物资进行不定期的局部清查？（　　）

A. 库存现金、财产物资保管人员更换时　　B. 企业改变隶属关系时

C. 发生非常灾害造成财产物资损失时　　D. 企业进行清产核资时

5. 下列关于永续盘存制的表述中，正确的是（　　）。

A. 账面随时反映财产物资的收入、发出和结余数额

B. 对各项财产物资的增加数和减少数，平时要根据会计凭证登记账簿

C. 平时在账簿中只登记财产物资的增加数，不登记减少数

D. 财产物资品种繁杂的企业，其明细分类核算工作量较大

6. 盘点各项实物资产的方法有（　　）。

A. 实地盘点法　　B. 技术推算法　　C. 发函询证法　　D. 经验估计法

7. 以下资产中，可以采用实地盘点法进行清查的是（　　）。

A. 库存现金　　B. 原材料　　C. 银行存款　　D. 固定资产

8.（　　）的清查宜采用发函询证法。

A. 应收账款　　B. 应付账款　　C. 存货　　D. 预付账款

9. 使企业银行存款日记账的余额小于银行对账单余额的未达账项有（　　）。

A. 企业已收款记账而银行尚未收款记账　　B. 企业已付款记账而银行尚未付款记账

C. 银行已收款记账而企业尚未收款记账　　D. 银行已付款记账而企业尚未付款记账

10. 下列关于银行存款余额调节表的说法中，正确的有（　　）。

A. 调节后的余额表示企业可以实际动用的银行存款数额

B. 其是通知银行更正错误的依据

C. 不能够作为调整本单位银行存款日记账记录的原始凭证

D. 其是更正本单位银行存款日记账记录的依据

三、判断题

1. 定期财产清查一般在结账以后进行。（　　）

2. 盘点实物时，发现账面数大于实存数，即为盘盈。（　　）

3. 对仓库中的所有存货进行盘点属于全面清查。（　　）

4. 永续盘存制与实地盘存制都是确定各项实物资产账面结存数量的方法。（　　）

5. 对于价值低、品种杂、进出频繁的商品或材料物资应采用实地盘存制。（　　）

6. 企业采用实地盘存制对存货进行核算时，在期末必须对存货进行实地盘点，否则无法确定本期发出存货的成本。（　　）

7. 永续盘存制下，可以通过存货明细账的记录随时结出存货的结存数量，故不需要对存货进行盘点。（　　）

8. 只有在永续盘存制下，才可能出现财产的盘盈、盘亏现象。（　　）

9. 无论采用哪种盘存制度，都应对财产物资进行定期或不定期的清查盘点，但清查的目的和作用是不同的。（　　）

10. 企业对与外部单位往来款项的清查，一般采取编制对账单寄交给对方单位的方式进行，因此属于账账核对。（ ）

11. 银行存款余额调节表只是为了核对账目，并不能作为调整银行存款账面余额的原始凭证。（ ）

12. 对库存现金的清查包括出纳人员每月的清点核对和清查小组定期和不定期的清查。（ ）

四、计算分析题

金益公司某年8月最后三天的银行存款日记账和银行对账单的有关记录如表1-3-1、表1-3-2所示。

表1-3-1 金益公司银行存款日记账的记录

日 期	摘 要	金额（元）
8月29日	因销售商品收到98#转账支票一张	15 000
8月29日	开出78#现金支票一张	1 000
8月30日	收到A公司交来的35#转账支票一张	3 800
8月30日	开出105#转账支票以支付款项	11 700
8月31日	开出106#转账支票支付明年报刊订阅费	500
	月末余额	153 200

表1-3-2 银行对账单的记录

日 期	摘 要	金额（元）
8月29日	开出78#现金支票一张	1 000
8月29日	收到98#转账支票	15 000
8月30日	收到托收的货款	25 000
8月30日	支付105#转账支票	11 700
8月31日	结转银行结算手续费	100
	月末余额	174 800

要求：代金益公司完成银行存款余额调节表的编制，如表1-3-3所示。

表1-3-3 银行存款余额调节表

编制单位：金益公司　　某年8月31日　　单位：元

项 目	金 额	项 目	金 额
企业银行存款日记账	（1）	银行对账单余额	
加：银行已收，企业未收的款项合计	（2）	加：企业已收，银行未收的款项合计	（3）
减：银行已付，企业未付的款项合计		减：企业已付，银行未付的款项合计	（4）
调节后的余额		调节后的余额	（5）

任务3.8 财产清查的账务处理

一、单项选择题

1. 企业进行财产清查后，据以填制待处理财产盘盈、盘亏记账凭证的原始凭证是（ ）。

A. 收料单　　B. 盘存单

C. 实存账存对比表　　D. 发出材料汇总表

2. “待处理财产损溢”账户未转销的借方余额表示（　　）。

A. 等待处理的财产盘盈

B. 等待处理的财产盘亏

C. 尚待批准处理的财产盘盈数大于尚待批准处理的财产盘亏和毁损数的差额

D. 尚待批准处理的财产盘盈数小于尚待批准处理的财产盘亏和毁损数的差额

3. 盘盈的固定资产一般应记入（　　）账户。

A. 本年利润　　B. 以前年度损益调整　　C. 营业外收入　　D. 其他业务收入

4. 库存现金清查中，对无法查明原因的长款，经批准应计入（　　）。

A. 其他应收款　　B. 其他应付款　　C. 营业外收入　　D. 管理费用

5. 如果进行库存现金盘点时发现短缺，则应借记的会计科目是（　　）。

A. 库存现金　　B. 其他应付款　　C. 待处理财产损溢　　D. 其他应收款

6. 某企业上期发生的原材料盘亏现查明原因，属于自然灾害，经批准后，会计人员应编制的会计分录为（　　）。

A. 借：待处理财产损溢
　　贷：原材料

B. 借：待处理财产损溢
　　贷：管理费用

C. 借：管理费用
　　贷：待处理财产损溢

D. 借：营业外支出
　　贷：待处理财产损溢

7. 在财产清查中发现库存材料实存数小于账面数，其原因为自然损耗。经批准后，会计人员应列作（　　）处理。

A. 增加营业外收入　B. 增加管理费用　　C. 减少管理费用　　D. 增加营业外支出

8. 在财产清查中发现账外机器 1 台，全新机器的市场价格为 80 000 元，估计其为六成新，则该固定资产的入账价值为（　　）元。

A. 80 000　　B. 48 000　　C. 32 000　　D. 128 000

9. 盘亏的固定资产净损失经批准后可记入（　　）账户的借方。

A. 制造费用　　B. 生产成本　　C. 营业外支出　　D. 管理费用

10. 在财产清查中盘盈的库存材料，经批准后，会计人员应将盘盈数记入（　　）。

A.“管理费用”账户借方　　B.“管理费用”账户贷方

C.“营业外收入”账户借方　　D.“营业外收入”账户贷方

二、多项选择题

1. 下列业务中，需要通过“待处理财产损溢”账户核算的是（　　）。

A. 库存现金丢失　　B. 原材料盘亏

C. 发现账外固定资产　　D. 应收账款无法收回

2. 与“待处理财产损溢”账户借方发生对应关系的账户可能有（　　）。

A. 原材料　　B. 固定资产　　C. 应收账款　　D. 营业外收入

3. 下列业务中，不需要通过“待处理财产损溢”账户核算的是（　　）。

A. 库存现金丢失　　B. 原材料盘亏

C. 发现账外固定资产　　D. 应收账款无法收回

4. “待处理财产损溢”账户借方登记的是（　　）。

A. 等待批准处理的财产盘亏、毁损　　B. 经批准转销的财产盘亏、毁损

C. 等待批准处理的财产盘盈　　D. 经批准转销的财产盘盈

5. 下列记录中，不能作为调整账面数字原始凭证的是（　　）。
A. 盘存单　B. 实存账存对比表
C. 银行存款余额调节表　D. 现金盘点报告表
6. 下列不属于原始凭证的是（　　）。
A. 盘存单　B. 实存账存对比表
C. 银行存款余额调节表　D. 往来款项对账单
7. 对于盘亏、毁损的存货，经批准后进行账务处理时，可能涉及的借方账户有（　　）。
A. 其他应收款　B. 营业外支出　C. 管理费用　D. 原材料
8. 固定资产盘亏的核算业务涉及的账户有（　　）。
A. 营业外收入　B. 待处理财产损溢　C. 累计折旧　D. 其他应付款
9. 结转因火灾而盘亏毁损的原材料时，不能列入"营业外支出"核算的是（　　）。
A. 残料价值　B. 过失人赔偿的部分
C. 保险公司赔偿的部分　D. 减去赔偿款和残料价值之后的净值
10. 财产清查中查明的各种资产盘盈盘亏数，根据不同原因，报经批准后，可能列入的账户有（　　）。
A. 管理费用　B. 营业外收入　C. 营业外支出　D. 其他应收款

三、判断题

1. 财产物资的盘盈数应登记在"待处理财产损溢"账户的贷方。（　　）
2. 经批准转销固定资产盘亏净损失时，账务处理时应借记"营业外支出"账户，贷记"固定资产清理"账户。（　　）
3. 实物盘点后，应将"实存账存对比表"作为调整账面余额记录的原始依据。（　　）
4. 存货盘亏、毁损的净损失一律记入"管理费用"科目。（　　）
5. 存货清查过程中发现的超定额损耗应记入"营业外支出"账户。（　　）

任务 3.9　编制财务会计报告

一、单项选择题

1. 会计报表编制的依据是（　　）。
A. 原始凭证　B. 记账凭证　C. 科目汇总表　D. 账簿记录
2. 下列会计报表中，（　　）属于企业对外提供的静态报表。
A. 利润表　B. 所有者权益变动表
C. 现金流量表　D. 资产负债表
3. 以"资产=负债+所有者权益"这一会计等式作为编制依据的会计报表是（　　）。
A. 利润表　B. 所有者权益变动表
C. 资产负债表　D. 现金流量表
4. 以"收入-费用=利润"这一会计等式作为编制依据的会计报表是（　　）。
A. 利润表　B. 所有者权益变动表
C. 资产负债表　D. 现金流量表
5. 资产负债表是反映企业（　　）财务状况的会计报表。
A. 某一特定日期　B. 一定时期内　C. 某一年份内　D. 某一月份内
6. 依照我国的会计准则，资产负债表采用的格式为（　　）。
A. 单步报告式　B. 多步报告式　C. 账户式　D. 混合式

7. 资产负债表中的负债项目应按其（　　）按顺序排列。

A. 求偿权先后　　B. 重要程度　　C. 变动程度　　D. 盈利性强弱

8. 在资产负债表中，资产按照其流动性排列时，正确的排列顺序是（　　）。

A. 存货、无形资产、货币资金、交易性金融资产

B. 交易性金融资产、存货、无形资产、货币资金

C. 无形资产、货币资金、交易性金融资产、存货

D. 货币资金、交易性金融资产、存货、无形资产

9. 资产负债表中的所有者权益部分是按照（　　）顺序排列的。

A. 实收资本、盈余公积、资本公积、未分配利润

B. 资本公积、实收资本、盈余公积、未分配利润

C. 资本公积、实收资本、未分配利润、盈余公积

D. 实收资本、资本公积、盈余公积、未分配利润

10. “应收账款”账户所属明细账户如有贷方余额，应在资产负债表的（　　）项目中反映。

A. 预付款项　　B. 预收款项　　C. 应收账款　　D. 应付账款

11. 某企业“应付账款”明细账期末余额情况如下：X 企业贷方余额为 200 000 元，Y 企业借方余额为 180 000 元，Z 企业贷方余额为 300 000 元。假如该企业“预付账款”明细账均为借方余额，“应付票据”账户余额为 300 000 元，则根据以上数据计算的反映在资产负债表上“应付票据及应付账款”项目的数额为（　　）元。

A. 980 000　　B. 620 000　　C. 800 000　　D. 380 000

12. H 公司年末“应收账款”账户的借方余额为 100 万元（其明细账无贷方余额）；“预收账款”账户贷方余额为 150 万元，其中，明细账的借方余额为 15 万元，贷方余额为 165 万元。“应收账款”对应的“坏账准备”期末余额为 8 万元，“应付票据”账户余额为 30 万元，则该企业年末资产负债表中“应收票据及应收账款”项目的金额为（　　）万元。

A. 195　　B. 180　　C. 145　　D. 137

13. 下列选项中，直接根据总分类账户余额填列资产负债表项目的是（　　）。

A. 固定资产清理　　B. 应收账款　　C. 未分配利润　　D. 存货

14. 下列资产负债表的项目中，需要根据几个总账账户的期末余额进行汇总填列的是（　　）。

A. 应付职工薪酬　　B. 短期借款　　C. 货币资金　　D. 资本公积

15. 依照我国的会计准则，利润表采用的格式为（　　）。

A. 单步式　　B. 多步式　　C. 账户式　　D. 混合式

16. 下列各项中，不会影响营业利润金额增减的是（　　）。

A. 资产减值损失　　B. 财务费用　　C. 投资收益　　D. 营业外收入

17. 编制利润表时主要根据（　　）。

A. 资产、负债及所有者权益各账户的本期发生额

B. 资产、负债及所有者权益各账户的期末余额

C. 损益类各账户的本期发生额

D. 损益类各账户的期末余额

18. 企业本月利润表中的营业收入为 450 000 元，营业成本为 216 000 元，税金及附加为 9 000 元，管理费用为 10 000 元，财务费用为 5 000 元，销售费用为 8 000 元，则其营业利润为（　　）元。

A. 211 000　　B. 225 000　　C. 234 000　　D. 202 000

19. 在利润表中，利润总额减去（　　）后，得出净利润。

A. 管理费用、财务费用　　B. 增值税

C. 营业外收支净额　　D. 所得税费用

20. 下列各项中，不会使利润总额产生增减变化的是（　　）。

A. 销售费用　　B. 管理费用　　C. 所得税费用　　D. 营业外支出

二、**多项选择题**

1. 现行制度规定，企业会计报表主要包括（　　）和附注。

A. 资产负债表　　B. 利润表　　C. 现金流量表　　D. 所有者权益变动表

2. 单位编制财务会计报告的主要目的，是为（　　）及社会公众等财务会计报告的使用者进行决策提供会计信息。

A. 投资者　　B. 债权人　　C. 政府及相关机构　　D. 单位管理人员

3. 会计报表按其报送对象进行分类，可分为（　　）。

A. 对外会计报表　　B. 对内会计报表　　C. 个别会计报表　　D. 合并会计报表

4. 会计报表按其编制单位不同，可以分为（　　）。

A. 个别会计报表　　B. 对内会计报表　　C. 合并会计报表　　D. 对外会计报表

5. 下列选项中，属于资产负债表中流动资产项目的有（　　）。

A. 货币资金　　B. 预收款项　　C. 应收账款　　D. 存货

6. 下列选项中，属于资产负债表中流动负债项目的有（　　）。

A. 应付职工薪酬　　B. 应付股利　　C. 应交税费　　D. 应付票据

7. 资产负债表的数据来源，可以根据（　　）取得。

A. 总账科目余额直接填列　　B. 总账科目余额计算填列

C. 记账凭证直接填列　　D. 明细科目余额计算填列

8. 在编制资产负债表时，根据总账科目的期末借方余额直接填列的项目有（　　）。

A. 应收股利　　B. 交易性金融资产　　C. 短期借款　　D. 应付利息

9. 以下资产负债表项目中，直接根据总分类账户余额填列的有（　　）。

A. 应交税费　　B. 资本公积　　C. 实收资本　　D. 短期借款

10. 下列资产负债表项目中，不能直接根据总分类账户余额填列的有（　　）。

A. 应付票据　　B. 货币资金　　C. 存货　　D. 应收账款

11. 编制资产负债表时，需根据有关总账账户期末余额分析、计算填列的项目有（　　）。

A. 货币资金　　B. 预付款项　　C. 存货　　D. 短期借款

12. 下列选项中，根据有关总账余额及其明细账余额分析、计算填列的有（　　）。

A. 应付债券　　B. 固定资产　　C. 长期借款　　D. 未分配利润

13. 资产负债表的“存货”项目应根据（　　）等总账科目余额的合计数填列。

A. 库存商品　　B. 原材料　　C. 生产成本　　D. 库存现金

14. 下列账户中，可能影响资产负债表中“应付账款”项目金额的有（　　）。

A. 应收账款　　B. 预收账款　　C. 应付账款　　D. 预付账款

15. 资产负债表中的“应收账款”项目应根据（　　）之和减去“坏账准备”账户中有关应收账款计提的坏账准备期末余额填列。

A. “应收账款”科目所属明细账户的借方余额

B. “应收账款”科目所属明细账户的贷方余额

C. “应付账款”科目所属明细账户的贷方余额

D. “预收账款”科目所属明细账户的借方余额

16. 资产负债表中，“预收账款”项目应根据（　　）总分类账户所属各明细分类账户期末贷方余额合计填列。

A. 预付账款　　B. 应收账款　　C. 应付账款　　D. 预收账款

17. 下列选项中，属于利润表提供的信息有（　　）。

A. 实现的营业收入　　B. 发生的营业成本

C. 营业利润　　D. 企业的利润或亏损总额

18. 利润表中的“营业收入”项目填列依据的是（　　）。

A.“主营业务收入”发生额　　B.“本年利润”发生额

C.“其他业务收入”发生额　　D.“投资收益”发生额

19. 利润表中的“营业成本”项目填列依据的是（　　）。

A.“营业外支出”发生额　　B.“主营业务成本”发生额

C.“其他业务成本”发生额　　D.“税金及附加”发生额

20. 下列选项中，会影响营业利润计算的有（　　）。

A. 营业外收入　　B. 税金及附加

C. 营业成本　　D. 销售费用

三、判断题

1. 财务会计报告是单位根据经过审核的会计凭证编制的。（　　）

2. 实际工作中，为将会计报表及时报送，企业可以提前结账。（　　）

3. 财务会计报告是指单位根据经过审核的会计账簿记录和有关资料编制并对外提供的反映单位某一特定日期财务状况和某一会计期间经营成果、现金流量的文件。（　　）

4. 会计报表按其反映的内容，可以分为动态会计报表和静态会计报表。资产负债表是反映某一时期企业财务状况的会计报表。（　　）

5. 资产负债表是总括反映企业特定日期资产、负债和所有者权益情况的动态报表，通过它可以了解企业的资产构成、资金的来源构成和企业债务的偿还能力。（　　）

6. 资产负债表中的资产项目是按资产流动性由小到大的顺序排列的。（　　）

7. 资产负债表“期末余额”栏的各项目主要是根据总账或有关明细账本期发生额直接填列的。（　　）

8. 在资产负债表中，“其他应收款”项目应根据“其他应收款”科目总账余额直接填列。（　　）

9. 资产负债表中的“固定资产”项目，应根据“固定资产”账户余额减去“累计折旧”“固定资产减值准备”等账户期末余额后的金额填列。（　　）

10. 利润表是反映企业一定期间经营成果的会计报表。（　　）

11. 利润表主要有多步式利润表和单步式利润表两种，我国企业采用的是单步式利润表。（　　）

12. 利润表中的各项目应根据有关损益账户的本期发生额或余额分析、计算填列。（　　）

13. 利润表中的“营业成本”项目，反映企业销售产品和提供劳务等主要经营业务的各项销售费用和实际成本。（　　）

14. 营业利润减去管理费用、销售费用、财务费用和所得税后，得到净利润。（　　）

15. 向不同会计资料使用者提供财务会计报告时，其编制依据应当一致。（　　）

四、计算分析题

第一题

丰盛公司某年10月31日的资产负债表简表见表1-3-4。

表1-3-4　　丰盛公司某年10月31日的资产负债表简表　　单位：元

资　产	金　额	负债及所有者权益	金　额
货币资金	24 000	短期借款	36 000
交易性金融资产	108 000	应付票据及应付账款	（3）
应收票据及应收账款	52 000	应交税费	32 000
存货	（1）	长期借款	70 000
流动资产合计	242 000	负债合计	（4）
长期股权投资	（2）	实收资本	690 000
固定资产	640 000	资本公积	104 000
无形资产	10 000	所有者权益合计	794 000
合计	996 000	合计	（5）

要求：计算资产负债表简表中（1）～（5）中应填的金额。

第二题

顺天公司的所得税税率为25%，该公司某年损益类账户发生额如表1-3-5所示。

表1-3-5　　顺天公司某年损益类账户发生额　　单位：元

账户名称	借方发生额	贷方发生额
主营业务收入		650 000
其他业务收入		85 000
营业外收入		300
投资收益		11 800
主营业务成本	370 000	
其他业务成本	41 000	
税金及附加	7 800	
销售费用	12 000	
管理费用	23 000	
财务费用	3 500	
资产减值损失	4 500	
营业外支出	8 000	

要求：请代为计算顺天公司该年度利润表中下列项目的金额。

（1）营业收入；

（2）营业成本；

（3）营业利润；

（4）利润总额；

（5）净利润。

第二部分
实务实训

实训 1　填制与审核原始凭证

1.1　实训目标

（1）掌握数字金额的小写、大写和日期大写的书写方式，要求字迹清晰、工整、美观、流畅。

（2）能够根据原始凭证识别所发生的经济业务，并能判断不同类型的经济业务事项所应用的原始凭证。

（3）掌握原始凭证的填制要求和书写规范，并能够正确填写各类常用原始凭证。

（4）掌握对原始凭证中的错误进行更正的规范，并能够按照规范要求对填制原始凭证时发生的错误进行更正处理。

（5）掌握原始凭证审核的内容，能够对各类原始凭证进行审核。

1.2　实训内容

（1）原始凭证数字、日期填写训练。

（2）常用原始凭证的填制。

（3）常用原始凭证的审核。

1.3　实训准备

本实训需预先准备书写练习纸或账页，实训所需的增值税发票、普通发票、银行结算票据、借款单等空白原始凭证，计算工具，印章、印泥，碳素墨水及书写用钢笔或中性笔。

1.4　实训指导

原始凭证也称单据，是在经济业务发生或完成时，由业务经办人员取得或填制，用以证明经济业务发生和完成情况的原始依据。填制和审核原始凭证是会计核算的基础工作。

微课：原始凭证

一、原始凭证的基本内容

无论是记录何种经济业务的原始凭证，都应具备以下基本内容。

（1）原始凭证的名称，如“收料单”“增值税专用发票”等。

（2）原始凭证的日期和编号。日期是指经济业务的发生日期，原始凭证的编号必须连续。

（3）接受凭证的单位名称或个人名称（抬头人）。

（4）经济业务的内容、数量、单位和金额。

（5）填制凭证单位的名称或者填制人姓名。

（6）有关人员（部门负责人、经办人）的签名或者盖章。

（7）填制单位签章。

二、原始凭证填写的基本要求

原始凭证是反映经济业务事项的最原始资料，也是明确经济责任并具有法律效力的书面证明。填写原始凭证的基本要求如下。

（1）记录真实。凭证的各项内容必须根据实际情况填制，确保原始凭证所反映的经济业务符合实际情况。对实物数量和金额的计算要准确无误，不得以匡算和估算值填入。

（2）内容完整。原始凭证必须按规定的格式和内容逐项填写，项目应填写齐全，不得省略或遗漏。

（3）手续完备。从外单位取得的原始凭证，必须盖有填制单位的公章；从个人处取得的原始凭证，必须有填制人员的签名或盖章。自制原始凭证必须有经办单位领导人或指定人员的签名或盖章。对外开出的原始凭证，必须加盖本单位公章。

（4）书写规范。原始凭证要用蓝色或黑色钢笔或碳素笔填写。填制原始凭证时，字迹应清晰、整齐、规范，易于辨认；文字应简要，不得使用不规范的简化字；凡填有大写和小写金额的原始凭证，大写与小写金额必须相符。

（5）编号连续。如果原始凭证已预先印定编号，在写坏作废时，应加盖“作废”戳记，妥善保管，不得撕毁。一式几联的发票和收据，必须用双面复写纸（发票和收据本身具有复写纸功能的除外）套写，并连续编号。

（6）不得随意涂改、挖补。发现原始凭证有错误时，应当由出具单位重开或更正，更正处应当加盖出具单位印章。原始凭证中的金额有错误的，应当由出具单位重开，不得在原始凭证上更正。

（7）填制及时。各种原始凭证一定要及时填写，并按规定的程序及时送交会计机构和会计人员审核。

三、原始凭证数字填写规范

1. 小写数字书写规范

（1）凭证上的小写数字用阿拉伯数字表示。阿拉伯数字应当一个一个地写，各数字在书写时应大小匀称，笔迹清晰，符合书写规范。数字要排列整齐，在书写时要有一定的倾斜（数字中轴与数字底线呈 60 度左右的倾斜角）。除 7 和 9 之外，应使其余每个数字紧靠数字格底线，7 和 9 则可下伸越过数字格底线 1/4。除 4 和 5 以外，其他数字均应一笔写成。书写 6、8、9、0 时注意圆圈必须写顺封口。阿拉伯数字书写字样如图 2-1-1 所示。

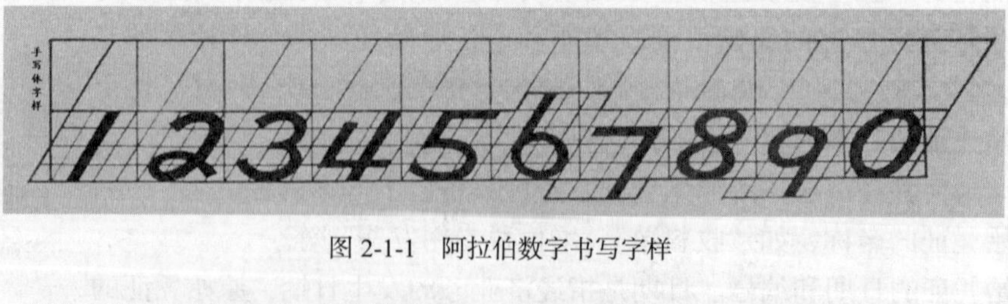

图 2-1-1　阿拉伯数字书写字样

（2）阿拉伯数字前应当书写货币币种符号，且货币币种符号与阿拉伯数字之间不得留有空格。

凡阿拉伯数字前写有币种符号的，数字后面不再写货币单位。人民币的币种符号为“¥”。

（3）所有以“元”为单位的阿拉伯数字，除表示单价等情况外，一律填写到角分。无角无分的，角位和分位可写“00”或符号“-”；有角无分的，分位应当写“0”，不得用符号“-”代替。

2. 大写数字书写规范

（1）汉字大写金额必须使用汉字壹、贰、叁、肆、伍、陆、柒、捌、玖、拾、佰、仟、万、亿、元、角、分、零、整等，不得任意自造简化字，一律用正楷或行书字书写。

（2）汉字大写金额前未印有“人民币”字样的，应加写“人民币”三个字，“人民币”字样和大写金额之间不得留有空白。

（3）汉字大写金额到元为止的，在“元”字之后应当写“整”字或者“正”字；汉字大写金额到角为止的，在“角”字之后可以不写“整”或“正”字；汉字大写金额有分的，不写“整”或“正”字。阿拉伯数字金额中间有“0”时，汉字大写金额要写“零”字；阿拉伯数字金额中间连续有几个“0”时，汉字大写金额中只写一个“零”字，如阿拉伯数字金额为“¥1 008.50”，汉字大写金额应写为“人民币壹仟零捌元伍角整”；阿拉伯数字金额的元位是“0”，但角位不是“0”时，汉字大写金额可以写“零”字，也可以不写“零”字，如阿拉伯数字金额为“¥60 020.80”，则汉字大写金额应写为“人民币陆万零贰拾元零捌角整”或“人民币陆万零贰拾元捌角整”。

（4）如果凭证相应位置处印有大写金额“万”“仟”“佰”“拾”“元”“角”“分”，书写汉字大写金额时，金额前面如有空位，应在汉字大写金额的空位上写“零”，不可用“×”“0”或“-”等符号代替，阿拉伯数字金额中间有几个“0”（含分位），汉字大写金额就写几个“零”字。如阿拉伯数字金额为“¥300.60”，汉字大写金额应写成“人民币零万零仟叁佰零拾零元陆角零分”。

（5）阿拉伯数字金额的最高位是“1”的，汉字大写金额应加写“壹”字。如小写金额为“¥16.00”，汉字大写金额应写为“人民币壹拾陆元整”。

四、原始凭证日期填写规范

一般原始凭证的日期可使用阿拉伯数字填写，但银行结算票据上的出票日期、到期日期等必须使用汉字大写，以防止变造、篡改票据。在填写月、日时，月为壹、贰和壹拾，日为壹至玖和壹拾、贰拾、叁拾的，应在其前加零；日为拾壹至拾玖的，应在其前加壹，如表 2-1-1 所示。票据出票日期使用阿拉伯数字书写的，银行不予受理。汉字大写日期未按规范要求填写的，银行可予以受理，但由此造成的损失由出票人承担。

表 2-1-1　票据日期的汉字大写规范

月		日	
阿拉伯数字小写	汉字大写	阿拉伯数字小写	汉字大写
1月、2月	零壹月、零贰月	1日—9日	零壹日—零玖日
10月	零壹拾月	10日、20日、30日	零壹拾日、零贰拾日、零叁拾日
3月—9月	（零）叁月—（零）玖月	11日—19日	壹拾壹日—壹拾玖日
11月—12月	（壹）拾壹月—（壹）拾贰月	21日—29日、31日	贰拾壹日—贰拾玖日、叁拾壹日

五、常用原始凭证的具体填制要求

1. 增值税发票的填写

增值税发票分增值税专用发票和增值税普通发票两种。增值税专用发票是增值税一般纳税人销售货物或者提供应税劳务时开具的发票。增值税专用发票应通过防伪税控系统开具，基本联次为3联：记账联、抵扣联和发票联。记账联是销售方核算销售收入和增值税销项税额的记账凭证，抵扣联是购买方报送主管税务机关认证和留存备查的凭证，发票联是购买方核算采购成本和增值税进项税额的记账凭证。增值税普通发票的格式、字体、栏次、内容与增值税专用发票完全一致，按发票联次分为两联票和五联票两种。基本联次为两联，第一联为记账联，销货方用作记账凭证；第二联为发票联，购货方用作记账凭证。此外，为满足部分纳税人的需要，在基本联次后添加了三联的附加联次，即五联票，供企业选择使用。与增值税专用发票相比较，增值税普通发票没有抵扣联，不可以用于抵扣税款。

在填写增值税发票时，应按照从上到下、从左到右的顺序逐项填写，以避免漏填。填写字迹应清楚，不得压线、错格。购货单位、销货单位的基本信息应具体翔实，单位名称应填写全称。必须如实填写销售货物的规格、单位、数量、单价、金额、税率和税额。价税合计的大写和小写金额应一致，书写要规范。根据有关规定需备注说明业务情况的，应在备注栏按要求填写有关内容。发票填写人应在发票下方的“开票人”处签章，以明确经济责任。发票内容填写完成后，发票联和抵扣联应加盖单位发票专用章。填写完成的增值税专用发票如附图A-5、附图A-10、附图A-12、附图A-17、附图A-20、附图A-24等所示。

2. 支票的填写

支票通常由出纳人员填写。在开具支票时，通常先填写支票的存根联，注明支票的收款人、金额和用途。收款人可使用单位简称；金额使用阿拉伯数字填写，并注明币种符号。支票主体部分的出票日期应使用汉字大写；付款行名称、出票人账号、支票密码应准确填写；收款人、金额和用途的填写内容应与存根联保持一致，且支票主体联中的收款人单位名称必须为全称。支票正面不能有涂改痕迹，否则该支票作废。支票填写完毕后，应加盖银行预留的印签章，在存根联和支票主体联之间用财务专用公章加盖骑缝章。

现金支票收款人如为本单位，则现金支票背面应加盖本单位财务专用印章和法人章，之后收款人可凭现金支票直接到开户银行提取现金。

现金支票收款人如为个人，则现金支票的背面不盖任何印章，由收款人在现金支票背面填写身份证件名称、发证机关名称和证件号码，注明结算日期并签章，凭身份证件和现金支票签字领款。

转账支票收款人应填写对方单位的名称。转账支票背面本单位不盖章。收款单位取得转账支票后，在支票背面被背书人栏内加盖收款单位财务专用章和法人章，填写好银行进账单后，连同该支票一起交给收款单位的开户银行，委托银行收款。

填写完成的现金支票如图2-1-2和图2-1-3所示。

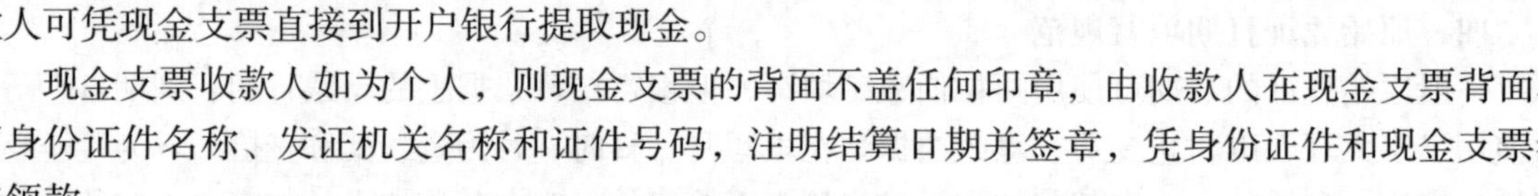

图2-1-2 现金支票正面

附加信息：
D市美家整体衣柜有限公司 财务专用章
张丰印
收款人签章
2018年12月03日
身份证件名称： 发证机关：
号码
（贴粘单处）

图 2-1-3　现金支票背面

填写完成的转账支票如图 2-1-4 和图 2-1-5 所示。

中国工商银行
转账支票存根（苏）
XⅡ00032203
附加信息
出票日期 2018 年 12 月 10 日
收款人：D市绿意木业公司
金　额：¥58500.00
用　途：材料货款
单位主管　会计
中国工商银行　转账支票（苏）　XⅡ00032203
出票日期（大写）贰零壹捌年壹拾贰月零壹拾日　付款行名称：工商银行D市城南支行
收款人：D市绿意木业有限公司　出票人账号：3368877665544332211
人民币（大写）伍万捌仟伍佰元整　¥5850000
本支票付款期限十天
用途 材料货款　987654321
上列款项请从
我账户内支付
出票人签章　复核　记账
D市美家整体衣柜有限公司 财务专用章
张丰印

图 2-1-4　转账支票正面

附加信息：
被背书人
D市绿意木业有限公司 财务专用章
刘国鸿印
（贴粘单处）

图 2-1-5　转账支票背面

3. 银行进账单的填写

银行进账单是持票人向付款人或代理付款人申请提示付款的凭据，也是持票人开户银行将票据款项收妥入账的凭证。银行进账单一般一式三联：第一联为给持票人的回单，第二联为银行的贷方凭证，第三联为给收款方的收账通知。收款单位财务部门收到支票等票据后，填写一式三联的进账单，连同票据一起送存本单位开户银行。收款人开户银行受理后，经审核无误，在进账单上加盖印章，并将进账单回单和收账通知联退回收款人，收账通知联是收款人银行存款入账的依据。

填写银行进账单时，需根据支票等票据的内容，填写收款人和付款人的全称、账号、开户行、收款金额、票据种类和张数等内容。填写银行进账单时不需单位盖章。填写完成的银行进账单如附图 A-23、附图 A-25、附图 A-34、附图 A-47 等所示。

4. 借款申请单的填写

借款申请单是企业内部员工向企业借款时填制的原始凭证。借款申请单有一式三联的，也有一联的。在借款申请单中应如实填写借款日期、借款人、用途、金额等内容。借款申请单填好交财务部门审核后，到相关领导处签字，然后交出纳，出纳凭办好借款手续的借款申请单付款。填写完成的借款申请单如附图 A-16 所示。

5. 差旅费报销单的填写

差旅费报销单是单位内部员工出差后报销出差费用和领取出差补贴时填制的原始凭证。差旅费报销单的各项目应据实填写，必须按时间顺序详细列明出差行程及相关费用。根据单位出差补贴政策计算出差途中补贴金额，根据报销的实有单据填写所附单据张数，根据报销费用金额和补贴金额计算可报销的合计金额，根据预借差旅费和可报销合计金额计算应补付的差旅费或应收回的预借差旅费金额。填写完成的差旅费报销单如附图 A-29 所示。

6. 收料单（入库单）的填写

收料单（入库单）是企业购进材料（或商品等）验收入库时，由仓库保管人员根据购入材料的实际验收情况填制的原始凭证。下面以收料单为例进行说明。企业外购材料都应办理入库手续，由仓库保管人员根据供应单位开来的发票账单，经过严格审核，对运达入库的材料进行认真计量，并按实收数量认真填制收料单。收料单一般一式三联：第一联为存根联，由仓库保管部门留底备查；第二联留仓库，据以登记材料物资明细账和材料卡片账；第三联随发票账单到会计部门报账。收料单的各项内容应填写齐全，书写规范，各有关责任人应签名盖章。填写完成的收料单如附图 A-14、附图 A-43 所示。

7. 领料单（出库单）的填写

领料单（出库单）是企业从仓库发出材料时，领料经手人根据需要材料（或商品）的情况据实填写的原始凭证。下面以领料单为例进行说明。领料单一般一式三联：第一联为存根联，由仓库保管部门留底备查；第二联留仓库，据以登记材料物资明细账和材料卡片账；第三联交会计部门，作为材料出库的入账凭证。领料单应手续齐备，及时填写，按发出材料完整填写材料的编号、品名、规格、计量单位等具体内容。发出材料的单价（单位成本）按照该材料采用的计价方法进行计算。如果发出材料采用的是个别计价法、先进先出法或移动平均法，则应在发出材料的领料单上填写发出单价；如果采用月末一次加权平均法计价，则日常领料时只需填写材料发出数量，不填写单价；如果采用计划成本法计价，则应填写材料的计划成本单价。填写完成的领料单如附图 A-26、附图 A-66、附图 A-67、附图 A-68、附图 A-69 等所示。

六、原始凭证的审核要求

原始凭证取得或填制完成以后，经办业务的部门及其他相关部门和人员要对其进行审核，并应及时将原始凭证送交财会部门，会计人员也必须对其进行严格的审核。

（1）真实性审核，是指对原始凭证中所记录的内容是否同实际情况相符进行审核。

（2）合法性、合理性审核，是指对原始凭证所反映的经济业务是否符合国家有关政策、法令、制度和单位编制的计划、预算、合同等进行审核。

（3）完整性审核，是指对原始凭证各项基本要素是否齐全进行审核。

（4）正确性审核，是指对原始凭证中各项数字、金额的计算及填写是否正确进行审核。

（5）及时性审核，是指对原始凭证的填制日期进行审核。尤其是支票等时效性较强的原始凭证，更应仔细验证其签发日期。

1.5 实训资料

1. 书写练习

对照图 2-1-1 在表 2-1-2 中练习阿拉伯数字的书写，对照表 2-1-3 中的汉字用正楷或行书字练习汉字大写金额的书写。

表 2-1-2　阿拉伯数字书写练习

表 2-1-3　汉字大写金额练习

零	壹	贰	叁	肆	伍	陆	柒	捌	玖	拾	佰	仟	万	亿	元	角	分	整

2. 汉字大写金额与阿拉伯数字金额之间的转换

根据表 2-1-4 中的资料，将汉字大写金额转换为阿拉伯数字金额，或将阿拉伯数字金额转换为汉字大写金额。

表 2-1-4　汉字大写金额与阿拉伯数字金额之间的转换练习

汉字大写金额	阿拉伯数字金额
人民币壹拾捌万零贰拾元伍角整	
人民币叁拾陆元肆角壹分	
人民币伍仟元整	
人民币玖佰柒拾贰元整	
人民币肆仟万元零伍角整	
人民币陆万叁仟元零捌分	
人民币叁角柒分	
人民币玖佰伍拾玖万零贰佰肆拾元整	

续表

汉字大写金额	阿拉伯数字金额
人民币柒仟肆佰壹拾叁元陆角玖分	
人民币伍万叁仟元整	
	¥734.70
	¥2 658.79
	¥2 518.00
	¥0.98
	¥4 000 000.60
	¥4 630.05
	¥50 300.19
	¥900 000.00
	¥50 401.07
	¥70 200.69

3. 原始凭证填制资料

（1）模拟企业基本情况见附录A。

（2）经济业务事项。

① 2019年10月8日，D市美家整体衣柜有限公司出纳开出现金支票，从银行提取现金2 000元备用。要求：根据该笔经济业务填制附录B中附图B-1所示的现金支票（支票密码：1234512345）。

② 2019年10月10日，业务员何华出差洽谈销售合作事项，预借差旅费1 000元，经销售部主管张明刚、财务部主管杨兴批准后，出纳用现金支付。要求：根据该笔业务填制附图B-2所示的借款单。

③ 2019年10月15日，D市美家整体衣柜有限公司将按订单加工好的1 000平方米樱桃木柜板销售给温馨衣柜店，每平方米不含税价格为90元，增值税税率为13%，已收到温馨衣柜店开出的转账支票，并于当天进行了银行结算。要求：a. 填制附图B-3所示的该笔销售业务的增值税发票；b. 填制附图B-4所示的用于转账支票结算的进账单；c. 填制附图B-5所示的该批柜板的出库单（柜板的出库单位成本使用月末一次加权平均法计算）。

④ 2019年10月20日，从D市绿意木业有限公司购入18mm水曲柳木纹板材1 000张，每张板材不含税价格为120元，增值税税率为13%，板材已于当天验收入库，并向对方开具了转账支票。要求：a. 填制附图B-6所示的该笔业务的板材入库收料单（采购发票号：88335511）；b. 填制附图B-7所示的用于支付货款的转账支票（支票密码：5432154321）。

⑤ 2019年10月25日，生产车间从仓库领用胡桃木纹板材100张用于生产加工，每张板材的单位成本是130元。要求：填制附图B-8所示的该笔业务的领料单。

⑥ 2019年10月28日，收到职工张新交来的罚款200元。要求：填制附图B-9所示的收款收据。

⑦ 根据D市美家整体衣柜有限公司2019年12月的经济业务，在附图A-7、附图A-35、附图A-46、附图A-51的产成品出库单备注栏中补充产成品发出单价（产成品出库计价采用月末一次加权平均法）。

⑧ 对D市美家整体衣柜有限公司2019年12月的经济业务事项进行核算，并据以编制附图

A-74 所示的制造费用分配表。

⑨ 对 D 市美家整体衣柜有限公司 2019 年 12 月的经济业务事项进行核算，并据以编制附图 A-75 所示的完工产品成本计算表。

⑩ 对 D 市美家整体衣柜有限公司 2019 年 12 月的经济业务事项进行核算，并据以编制附图 A-79 所示的产品销售成本计算表。

⑪ 对 D 市美家整体衣柜有限公司 2019 年 12 月的经济业务事项进行核算，并据以编制附图 A-82 所示的坏账准备计算表。

⑫ 对 D 市美家整体衣柜有限公司 2019 年 12 月的经济业务事项进行核算，并据以编制附图 A-83 所示的应交所得税计算表。

⑬ 对 D 市美家整体衣柜有限公司 2019 年 12 月的经济业务事项进行核算，并据以编制附图 A-84 所示的净利润计算表。

⑭ 对 D 市美家整体衣柜有限公司 2019 年 12 月的经济业务事项进行核算，并据以编制附图 A-85 所示的法定盈余公积计算表。

实训 2 填制与审核记账凭证

2.1 实训目标

（1）熟悉记账凭证的种类和基本内容。

（2）能够根据经济业务事项进行资金运动分析，确认应登记的会计账户、方向和金额。

（3）能够根据经济业务事项正确选择收款凭证、付款凭证和转账凭证，并能够准确、完整、规范地填制记账凭证。

（4）能够对填制的记账凭证进行审核。

2.2 实训内容

（1）根据审核无误的原始凭证编制相应的记账凭证。

（2）对填制的记账凭证进行审核。

2.3 实训准备

本实训需预先准备实训所需的各类专用记账凭证，计算工具，印章、印泥，红色和黑色中性笔，大头针、回形针，胶水。

2.4 实训指导

记账凭证又称记账凭单，是会计人员根据审核无误的原始凭证填制的用于记载经济业务主要内容，确定会计分录，并作为记账依据的会计凭证。

一、记账凭证的种类

（1）记账凭证按其反映的经济内容不同，分为通用记账凭证和专用记账凭证。通用记账凭证是指凭证格式具有通用性，可以记录各种经济业务的记账凭证。专用记账凭证是指其格式专用，适用于特定业务种类的记账凭证。专用记账凭证按其格式和反映内容的不同，又可以分为收款凭证、付款凭证和转账凭

微课：记账凭证

证三种。

（2）记账凭证按其填列方法的不同，可分为单式凭证和复式凭证。单式凭证是指每一张记账凭证只填列经济业务事项所涉及的一个会计科目及其金额的记账凭证。复式凭证是指将每一笔经济业务事项所涉及的全部会计科目及其发生额在同一张记账凭证中全部反映出来的记账凭证。

二、记账凭证的基本内容

在实际工作中，记账凭证的种类和格式不尽相同，但作为登记账簿的依据，记账凭证必须具备一些基本内容。这些基本内容也称作基本要素，包括：

（1）记账凭证的名称，如“收款凭证”“付款凭证”“转账凭证”等。

（2）填制记账凭证的日期。

（3）记账凭证的编号。

（4）经济业务事项的内容摘要。

（5）经济业务事项所涉及的会计科目及其记账方向。

（6）经济业务事项的金额。

（7）记账标记。

（8）所附原始凭证张数。

（9）填制凭证人员、复核人员、出纳、记账人员、会计主管等人员的签名或盖章。

三、填制记账凭证的基本要求

填制记账凭证是会计核算工作的重要环节，直接关系到记账工作的质量。填制记账凭证时，除了像填制原始凭证那样，要做到真实可靠、内容完整、填写及时、书写清楚外，还要注意以下几点。

（1）对记账凭证进行连续编号。填制记账凭证时，应当按业务发生顺序，将不同种类的记账凭证连续编号，即采用“字号编号法”，如“收字1号”“付字1号”“转字1号”等。一笔经济业务需要填制两张以上记账凭证时，应采用分数编号法编号，如“转字$4\frac{1}{2}$号”“转字$4\frac{2}{2}$号”。为便于监督，反映付款业务的会计凭证不得由出纳人员编号。

（2）准确填写会计分录。会计人员在填制记账凭证时，应当根据经济业务的性质，准确确定应借应贷的会计科目，并应按会计制度统一规定的标准科目填写，不得随意更改会计科目名称和不恰当地使用会计科目。

（3）不同的经济业务不能合并编写在一张记账凭证内。会计科目要保持正确的对应关系。填写记账凭证时，应按会计制度的规定，编制一借一贷、一借多贷、多借一贷的会计分录，尽量避免编制多借多贷的会计分录，以便从账户对应关系中反映经济业务的情况。

（4）正确填写摘要。摘要是对经济业务的简要说明。记账凭证的摘要应该用简明扼要的语言，正确表达经济业务的主要内容，既要防止简而不明，又要防止过于烦琐。

（5）记账凭证应附有原始凭证。除结账和更正错误的记账凭证可以不附原始凭证外，其他记账凭证必须附有原始凭证。如果一张原始凭证涉及几张记账凭证，则可以把原始凭证附在一张主要的记账凭证后面，并在其他记账凭证上注明附有该原始凭证的记账凭证的编号，以便查阅。

（6）记账凭证填制完经济业务事项后，如有空行，应当自金额栏最后一笔金额数字下的空行处至合计数上的空行处划线注销。

（7）凭证填制完毕后，记账凭证上必须由相关人员签章。

（8）填制记账凭证时如果发生错误，应当根据发现错误的时间和错误的类型，采用恰当的更正办法。在凭证未登记入账时，应当重新填制；已登记入账的记账凭证发现错误，则应采用相应的错账更正方法。

四、专用记账凭证的具体填写要求

1. 收款凭证的填写要求

收款凭证左上角的“借方科目”按实际收到款项的性质填写“库存现金”或“银行存款”；日期填写的是编制本凭证的日期；右上角填写该凭证在收款凭证中的顺序号及所附原始凭证的张数；“摘要”栏填写对所记录的经济业务的简要说明；“贷方会计科目”栏填写与收到库存现金或银行存款相对应的会计科目；“账页”栏用于标记该收款凭证是否已经登账，以防止重记或漏记经济业务；“贷方金额”是指该经济业务事项的发生额；凭证下方分别由有关人员签章，以明确经济责任。

【例 2-1】 2019 年 9 月 1 日，D 市美家整体衣柜有限公司收到雅丽衣柜店预付的货款 30 000 元，货款已存入银行。此项经济业务应编制收款凭证，如图 2-2-1 所示。该凭证由会计钟景芳制单，需经杨兴复核，由出纳员汪华平签字后，由会计钟景芳登记入账。相关会计人员在办理了相关核算事项后，应在凭证下方签字，已经登记入账的凭证应打上记账标记。

收 款 凭 证

收字第 01 号

借方科目：银行存款　　2019 年 09 月 01 日　　附件共 01 张

摘要	贷方会计科目		账页	贷方金额								
	总账科目	明细科目		百	十	万	千	百	十	元	角	分
收到雅丽衣柜店预付款	预收账款	雅丽衣柜店				3	0	0	0	0	0	0
合	计				¥	3	0	0	0	0	0	0

会计主管　　记账　　出纳　　复核　　制单 钟景芳

图 2-2-1 收款凭证的填制

2. 付款凭证的填写要求

付款凭证的填制方法与收款凭证基本相同，只是左上角填写的是“贷方科目”，右上角填写的是该凭证在付款凭证中的顺序号，凭证中间填写的是与支付库存现金或银行存款相对应的借方会计科目和发生额。

【例 2-2】 2019 年 9 月 5 日，D 市美家整体衣柜有限公司出纳员从银行提取现金 5 000 元备用。此项经济业务应编制付款凭证，如图 2-2-2 所示。

3. 转账凭证的填写要求

转账凭证在填制时，需将经济业务事项所涉及的全部会计科目按照先借后贷的顺序记入会计科目栏中的“总账科目”和“明细科目”，并按应借、应贷方向分别记入“借方金额”和“贷方金额”栏。转账凭证的借、贷方金额合计数应相等。其他项目的填写方法与收、付款凭证相同。

付款凭证

付字第 01 号

贷方科目：银行存款　　2019 年 09 月 05 日　　附件共 01 张

摘要	借方会计科目		账页	借方金额								
	总账科目	明细科目		百	十	万	千	百	十	元	角	分
提现备用	库存现金						5	0	0	0	0	0
合计						¥	5	0	0	0	0	0

会计主管　　记账　　出纳　　复核　　制单 钟景芳

图 2-2-2　付款凭证的填制

【例 2-3】　2019 年 9 月 8 日，D 市美家整体衣柜有限公司向格调衣柜店销售加工好的樱桃木柜板共 1 000 平方米，每平方米不含税价 100 元，增值税税率为 13%，货款暂未收到。此项经济业务应编制转账凭证，如图 2-2-3 所示。

转账凭证

转字第 01 号

2019 年 09 月 08 日　　附件共 01 张

摘要	总账科目	明细科目	账页	借方金额									贷方金额								
				百	十	万	千	百	十	元	角	分	百	十	万	千	百	十	元	角	分
向格调衣柜店赊销樱桃木柜板	应收账款	格调衣柜店			1	1	3	0	0	0	0	0									
	主营业务收入	樱桃木柜板												1	0	0	0	0	0	0	0
	应交税费	应交增值税（进项税额）													1	3	0	0	0	0	0
合计				¥	1	1	3	0	0	0	0	0	¥	1	1	3	0	0	0	0	0

会计主管　　会计　　记账　　复核　　制单 钟景芳

图 2-2-3　转账凭证的填制

2.5 实训资料

根据附录 A 提供的 D 市美家整体衣柜有限公司 2019 年 12 月发生的经济业务事项，编制相应的收款凭证、付款凭证或转账凭证。

实训 3　登记会计账簿

3.1 实训目标

（1）熟悉会计账簿的种类和格式，能够合理地选择、启用和设置各类账簿。

（2）能够根据收、付款凭证登记库存现金日记账和银行存款日记账，能够根据收、付款凭证和转账凭证登记各类明细账。

（3）能够根据记账凭证编制科目汇总表（或汇总记账凭证），并据以登记总分类账。

（4）对发现的账簿错误，能够使用规范的错账更正方法进行更正。

（5）在完成本期所有经济业务的账簿登记工作后，能够运用正确的方法进行对账和结账。

3.2 实训内容

（1）启用和设置账簿。

（2）登记库存现金日记账和银行存款日记账。

（3）登记明细账。

（4）编制科目汇总表或汇总记账凭证。

（5）登记总分类账。

（6）对账。

（7）结账。

3.3 实训准备

本实训项目需预先准备库存现金日记账账簿、银行存款日记账账簿、三栏式明细账账页、数量金额式明细账账页、多栏式明细账账页、总分类账账簿，科目汇总表或汇总收款凭证、汇总付款凭证、汇总转账凭证，计算工具，印章、印泥，红色和黑色中性笔，直尺。

3.4 实训指导

一、启用会计账簿

微课：会计账簿

启用会计账簿时，应当在账簿封面上写明单位名称和账簿名称，并填写账簿扉页上的“账簿启用及交接表”，内容包括启用日期、账簿页数、记账人员和会计机构负责人、会计主管人员姓名等，并加盖人名章和单位公章。

在实际会计工作中，启用会计账簿还需粘贴印花税票。印花税票一律贴在账簿启用表的右上角，并在印花税票的中间划两条出头的注销线，以示税票注销，如图 2-3-1 所示。企业使用缴款书缴纳印花税时，在账簿启用表的右上角注明“印花税已缴”及缴款金额，缴款书作为某年某月某日第某号记账凭证的原始凭证。

账簿启用及经管人员一览表

单位名称：＿＿＿＿＿＿＿＿ 账簿名称：＿＿＿＿＿＿＿＿
账簿编号：＿＿＿＿＿＿＿＿ 账簿册数：＿＿＿＿＿＿＿＿
账簿页数：＿＿＿＿＿＿＿＿ 启用日期：＿＿＿＿＿＿＿＿
会计主管（签章）：＿＿＿＿＿ 记账人员（签章）：＿＿＿＿＿

移交日期			移交人		接管日期			接管人		会计主管	
年	月	日	姓名	盖章	年	月	日	姓名	盖章	姓名	盖章

图 2-3-1 账簿启用表

启用订本式账簿时应当从第一页到最后一页按顺序编定页数，不得跳页、缺号。使用活页式账页时应当按账户顺序编号，并必须定期装订成册。装订后再按实际使用的账页顺序编定页码，在扉页背面填写账户目录表，记明每个账户的名称和页次。

二、设置会计账簿

新建单位和原有单位在年度开始时，会计人员须根据核算工作的需要设置账簿，即平常所说的"建账"。会计账簿的设置必须符合国家会计法律制度的规定，并视单位规模的大小、经济业务的繁简、会计人员的分工、采用的账务处理程序及记账的手段等因素而定。但每个单位至少应设置库存现金日记账、银行存款日记账、总分类账和明细账。

1. 总分类账的设置方法

总分类账通常采用订本式账簿，常用的账页格式为三栏式。总分类账的设置方法一般是按照总账会计科目的编码顺序分别开设账簿，根据订本式账簿的特点，在设置总分类账时应根据各科目发生业务的多少适当预留若干账页，但每一科目至少占用一张账页。单位在年度开立新账时，应将上年度该账户的余额直接抄入新账户的首页首行，并在摘要栏内注明"上年结转"或"年初余额"字样。实训中如以年中为核算起点，则将核算月份的月初余额抄入相关账户的首页首行。库存现金总分类账的设置方法如图2-3-2所示。

总分类账

会计科目：库存现金　　　　　　　　　　　　　　　　　　　　第 1 页

2019年		凭证		摘要	借方（千百十万千百十元角分）	√	贷方（千百十万千百十元角分）	√	借或贷	余额（千百十万千百十元角分）	√
月	日	种类	号数								
12	01			月初余额					借	500000	

图2-3-2　库存现金总分类账的设置

2. 明细分类账的设置方法

明细分类账的设置比较复杂，应根据各单位的实际需要，按照总分类科目的二级科目、三级科目以及更详细分类的科目分类设置。明细分类账一般采用活页式账簿，个别的采用卡片式账簿。其账页的格式应根据各单位经济管理的需要和各明细分类账记录内容的不同，采用三栏式、数量金额式、多栏式和横线登记式等。

（1）三栏式明细分类账的账页只设有借方、贷方和余额三个金额栏。这种格式适用于那些只需要进行金额核算的账户，如登记资本、债权和债务等的明细分类账通常使用三栏式账页。

（2）数量金额式明细分类账的账页，在借方（收入栏）、贷方（发出栏）和余额（结存栏）内再分设"数量""单价""金额"三小栏。这种格式的账页适用于既要进行金额核算，又要进行实物数量核算的各种财产物资账户，如原材料、库存商品等。

（3）多栏式明细分类账是指在借方或贷方分设专栏，在分设的专栏中登记有关经济业务明细情况的账簿。例如，生产成本、收入、费用明细分类账一般采用多栏式账簿，以便在一张账页上集中反映收入和费用的明细情况。

（4）横线登记式明细分类账也称平行式明细分类账，其结构特点是，在账页的同一行内记录某一项经济业务从发生到结束的全部事项，即在同一行内借、贷方均有记录时，表示该业务已处理完毕。材料采购、其他应收款等明细分类账可以采用横线登记式账页。

在设置明细分类账时，由于各种明细分类账的账页格式不同，故应注意根据账页格式完整登记各栏次的期初资料。“原材料”明细分类账的设置方法如图 2-3-3 所示。

3. 日记账的设置方法

按照国家会计制度的规定，单位必须设置库存现金日记账和银行存款日记账。库存现金日记账和银行存款日记账的账页分三栏式和多栏式两种，但在实际工作中大多采用三栏式账页。三栏式库存现金日记账和银行存款日记账的设置方法与总分类账类似。

原材料明细账

商品类别：板材类　　　　　　计量单位：张

商品名称及规格：胡桃木板材　　　　　　存放地点：原材料仓库

2019年		凭证		摘要	收入			发出			结余		
月	日	种类	号数		数量	单价	金额	数量	单价	金额	数量	单价	金额
12	01			月初余额							300	121.00	36300.00

图 2-3-3　原材料明细分类账的设置

三、登记会计账簿的一般规则

（1）登记会计账簿时，应当将会计凭证日期、编号、业务摘要、金额和其他有关资料逐项记入账簿内，同时记账人员要在记账凭证上签名或者盖章，并在记账凭证的“过账”栏内注明账簿页数或画“√”等符号，表示已经记账完毕，以避免重记、漏记。

（2）各种账簿要按账页顺序连续登记，不得跳行和隔页。如发生跳行和隔页，应将空行和空页划线注销，或注明“此行空白”或“此页空白”字样，并由记账人员签名或盖章。

（3）为了保持账簿记录的持久性，防止涂改，登记账簿时必须使用蓝黑墨水或碳素墨水并用钢笔书写，不得使用圆珠笔（银行的复写账簿除外）或者铅笔书写。

（4）在下列情况下，可以用红色墨水记账：①按照红字冲账的记账凭证，冲销错误记录；②在不设借或贷等栏的多栏式账页中，登记减少数；③在三栏式账页的余额栏前如未印明余额方向，在余额栏内登记负数余额；④根据国家统一会计制度的规定可以用红字登记的其他会计记录。由于会计中的红字表示负数，因而除上述情况外，不得使用红色墨水登记账簿。

（5）记账要保持清晰、整洁，记账文字和数字要端正、清楚、书写规范，一般应占账簿格距的二分之一，以便留有改错的空间。

（6）凡需结出余额的账户，应当定期结出余额。库存现金日记账和银行存款日记账必须每天结出余额。结出余额后，应在“借或贷”栏内写明“借”或“贷”的字样。没有余额的账户，应在该栏内写“平”字并在余额栏“元”位上用“0”表示。

（7）登记满一张账页结转下页时，应当结出本页合计数和余额，将其写在本页最后一行和下页第一行有关栏内，并在本页的摘要栏内注明“过次页”字样，在次页的摘要栏内注明“承前页”字样；也可以将本页合计数及余额只写在下页第一行有关栏内，并在摘要栏内注明“承前页”字样，以保持账簿记录的连续性，便于对账和结账。

四、登记日记账

1. 库存现金日记账的登记

库存现金日记账由出纳人员根据审核无误的现金收、付款凭证，按业务发生的时间先后顺序逐日逐笔登记库存现金的收入、支出情况，并根据“本日余额=上日余额+本日收入-本日支出”

的公式，逐日结出库存现金余额，与库存现金实存数核对，以检查每日现金收付是否有误。库存现金日记账的具体登记方法如下。

（1）日期栏：用于记录记账凭证的日期，应与库存现金实际收付日期一致。

（2）凭证栏：用于登记入账的收、付款凭证的种类和编号。

（3）摘要栏：用于说明登记入账的经济业务的内容，应以简练的文字清楚地说明。其内容一般与收、付款记账凭证上的内容相同。

（4）对方科目栏：用于记录库存现金收付的来龙去脉。如以现金支付职工工资，其对方科目栏的内容为“应付职工薪酬”。

（5）借方、贷方栏：通常也标示为收入、支出栏，用于记录现金实际收、付的金额。每日终了，应分别结计现金收入和现金支出的合计数，结出余额，同时将余额与出纳的库存现金相核对。

2. 银行存款日记账的登记

银行存款日记账通常也是由出纳人员根据审核后的与银行存款有关的收、付款凭证，逐日逐笔按照业务发生的时间先后顺序进行登记。每日终了，应分别计算当日银行存款收入、支出的合计数及账面余额。每日余额的计算方法与库存现金日记账相同。

银行存款日记账的登记方法与库存现金日记账的登记方法类似。银行存款日记账中的“支票种类及号数”用以记录以支票付款结算的支票种类及号数，以便与开户银行对账，如图 2-3-4 所示。其他栏目的登记方法可参照库存现金日记账相关栏目的登记方法。

银行存款日记账

2019年		凭证		支票种类及号数		摘要	对方科目	收入	支出	结余
月	日	种类	号数	种类	号数					
12	01					月初余额				500000.00
12	01	付	01	转	12345	支付自本月起6个月的财产保险费	其他应收款		3000.00	497000.00

图 2-3-4 银行存款日记账的登记

五、登记明细账

不同类型经济业务的明细账可根据管理需要，依据记账凭证、原始凭证或汇总原始凭证进行逐日逐笔登记或定期汇总登记。固定资产、债权、债务等明细账应逐日逐笔登记；库存商品、原材料等收发明细账以及收入、费用明细账可以逐日逐笔登记，也可以定期汇总登记。

1. 三栏式明细账的登记

三栏式明细账由会计人员根据记账凭证，按经济业务发生的顺序逐日逐笔登记，需要随时结出余额。各栏目的登记方法与日记账基本相同。

2. 数量金额式明细账的登记

数量金额式明细账一般由会计人员和业务人员（如仓库保管员）根据原始凭证按照经济业务发生的时间先后顺序进行逐日逐笔登记或定期汇总登记。数量金额式明细账的具体登记方法如下。

（1）日期栏。填写登记明细账所依据的原始凭证的日期，即经济业务发生的日期。

（2）凭证栏。按所依据的原始凭证的字和号进行填写，如收料单的“收”字，领料单的“领”字，产成品入库单的“入”字和出库单的“出”字。

（3）数量栏。三个数量栏分别填写实际收到、发出和结存的财产物资的数量。

（4）单价、金额栏。“收入”栏中的单价、金额栏按照收到财产物资的单位成本和总成本登记；“发出”栏和“结存”栏中的单价、金额栏，登记时间及登记金额取决于企业所采用的发出存货的计价方法，可以随时登记，也可以在月末一次登记。

3. 多栏式明细账的登记

多栏式明细账由会计人员依据记账凭证的顺序逐笔登记。

对于只设有借方的多栏式明细账，如生产成本、管理费用等账户，平时在借方分栏目登记账户的发生额。如果平时有贷方发生额，则应用红字在多栏式账页的相应借方栏目中登记表示冲减。月末结转时，如有贷方栏，则将借方发生额一次性在贷方转出；如没有贷方栏，则仍用红字在借方登记转出的金额。生产成本明细账如图 2-3-5 所示。

生产成本明细账

产品名称：胡桃木柜板

2019年		凭证		摘要	借方（项目）			余额
月	日	种类	号数		直接材料	直接人工	制造费用	
01	01			月初余额				0
01	31	转	09	本月材料耗用	188325.00			188325.00
01	31	转	10	本月生产工人工资		28350.00		216675.00
01	31	转	11	本月生产工人养老保险、医疗保险和住房公积金		5670.00		222345.00
01	31	转	12	本月分摊的制造费用			45750.00	268095.00
01	31	转	13	结转完工产品生产成本	75330.00	13608.00	18300.00	160857.00

图 2-3-5　生产成本明细账的登记

同样，对于只设有贷方的多栏式明细账，如主营业务收入、其他业务收入等账户，平时在贷方分栏目登记账户的发生额。如果平时有借方发生额，则应用红字在多栏式账页的相应贷方栏目中登记表示冲减。月末结转时，如有借方栏，则将贷方发生额一次性在借方转出；如没有借方栏，则仍用红字在借方登记转出的金额。

4. 横线登记式明细账的登记

横线登记式明细账由会计人员依据记账凭证逐笔登记，将相关的业务登记在一行，从而可以依据每一行各个栏目的登记是否齐全来判断该项业务的进展情况。

六、登记总分类账

总分类账的登记依据和登记方法取决于单位采用的账务处理程序。总分类账既可以根据记账凭证逐笔登记（每日登记总账），又可以根据经过汇总的科目汇总表或汇总记账凭证登记（定期登记或月末一次登记总账）。

总分类账账页中各基本栏目的登记方法如下。

（1）日期栏。填写登记总分类账所依据的记账凭证的日期或者科目汇总表或汇总记账凭证的汇总日期。

（2）凭证栏。填写登记总分类账所依据的记账凭证字和编号。依据专用记账凭证登记总账的，凭证字为“收”“付”“转”等；依据科目汇总表登记总账的，凭证字为“科汇”；依据汇总记账凭证登记总账的，则凭证字为“汇收”“汇付”“汇转”等。

（3）摘要栏。填写所依据的凭证的简要内容。依据记账凭证登记总账的，应填写与记账凭证中的摘要内容一致的内容；依据科目汇总表登记总账的，可填写“某日至某日发生额”，如“1日—10日发生额”；依据汇总记账凭证登记总账的，可填写“某日至某日汇总”。

（4）借贷方金额栏。填写所依据凭证上记载的账户的借方或贷方发生额。

（5）借或贷栏。其用于表示余额方向。总分类账平时不需要逐笔结出余额，月末结账时结出月末余额。

七、对账

在会计期末，结账之前要做好对账工作。对账的目的在于使期末用于编制会计报表的数据真实、可靠。对账的主要内容一般包括账证核对、账账核对和账实核对。

1. 账证核对

账证核对是指核对账簿记录与原始凭证、记账凭证的时间、凭证字号、内容、金额是否一致，记账方向是否相符。这种核对一般在日常编制凭证和记账过程中进行，以检查所记账目是否正确。账证核对也用于追查会计记录正确与否。月终如果发现账账不符，也可以再将账簿记录与有关会计凭证进行核对，以保证账证相符。

2. 账账核对

账账核对是指核对不同会计账簿之间的账簿记录是否相符，包括以下内容。

（1）总分类账户之间的核对。其一般通过编制“总分类账户发生额及余额试算平衡表”进行核对。检查各总分类账户本期借方发生额合计是否等于本期贷方发生额合计，期末所有账户借方余额合计是否等于所有账户贷方余额合计。总分类账户发生额及余额试算平衡表的格式如图2-3-6所示。

总分类账户发生额及余额试算平衡表

年　月　日

账户名称	期初余额		本期发生额		期末余额	
	借方	贷方	借方	贷方	借方	贷方

会计主管：　　记账：　　复核：　　制单：

图2-3-6　总分类账户发生额及余额试算平衡表

（2）总分类账户与其所属明细分类账户之间的核对。其一般通过编制“总分类账户与明细分类账户对照表”（见图2-3-7）或“明细分类账户本期发生额及余额明细表”（见图2-3-8）进行核对。检查总分类账户本期借、贷方发生额及期末余额与其所属明细分类账户本期借、贷方发生额及期末余额之和是否相符。

总分类账户与明细分类账户对照表

2019 年 12 月 31 日　　单位：元

总账科目名称	明细账科目名称	期初余额		本期发生额		期末余额	
		借方	贷方	借方	贷方	借方	贷方
交易性金融资产	成本	300000.00				300000.00	
	公允价值变动		50000.00	30000.00			20000.00
	合计	250000.00		30000.00		280000.00	
应收票据	金城公司			526500.00		526500.00	
应收账款	美家专卖店	30000.00		514800.00	544800.00		
	金城公司			198900.00		198900.00	
	合计	30000.00		713700.00	544800.00	198900.00	

审核：杨兴　　制表：钟景芳

图 2-3-7　总分类账户与明细分类账户对照表

________账户本期发生额及余额明细表

年　月　日

明细分类账户	期 初 余 额		本 期 发 生 额		期 末 余 额	
	借 方	贷 方	借 方	贷 方	借 方	贷 方

会计主管：　记账：　复核：　制单：

图 2-3-8　明细分类账户本期发生额及余额明细表

（3）总分类账户与日记账的核对。将总分类账户与库存现金日记账、银行存款日记账进行核对，以检查库存现金、银行存款日记账本期发生额及期末余额与总账是否相符。

（4）各部门明细分类账的核对。在实际会计工作中，还要将财会部门登记的各种财产物资明细分类账与财产物资保管、使用部门的有关明细分类账进行核对，以检查各方期末财产物资结存数是否相等。

3. 账实核对

账实核对是指各项财产物资、债权债务等的账面余额与实有数额之间的核对，包括以下几个方面。

（1）库存现金日记账的账面余额与库存现金实有数之间的核对。

（2）银行存款日记账的账面余额与各开户银行对账单之间的核对。

（3）各项财产物资明细账账面余额与财产物资实有数之间的核对。

（4）有关债权债务明细账账面余额与对方单位账面余额之间的核对。

八、错账更正

在记账过程中，如账簿记录发生错误，应按照规定的方法更正。更正错账的方法主要有划线更正法、红字更正法和补充登记法。

1. 划线更正法

在结账前，如果发现账簿记录有错误，而其所依据的记账凭证没有错误，可用划线更正法。更正时，先将错误的文字或数字用一条单红线划去，表示注销，但应保证原有字迹仍能辨认；再在划线的上面用蓝字写上正确的文字或数字，并在划线处加盖更正人印章，以明确责任。在采用该方法划掉错误数字时，应将整笔数字划掉，不能只划局部错误数字。

2. 红字更正法

红字更正法又称为红字冲销法，一般适用于以下两种情况。

（1）记账凭证应借、应贷科目错误。在登账后，如果发现账簿记录的错误是由于记账凭证所列的应借、应贷科目有错误而引起的，可采用红字更正法更正。首先，用红字填制一张内容与错误凭证完全相同的记账凭证，并在“摘要”栏中写明“冲销某月某日第某号凭证错误”字样，同时据以用红字登记入账，以冲销原来的错误记录；然后，用蓝字或黑字填制一张正确的记账凭证，在“摘要”栏中注明“更正某月某日第某号凭证错误”字样，并据以登记有关账户。

（2）记账凭证所填金额大于应记金额。在登账后，如果发现账簿记录的错误是由记账凭证所填金额大于应记金额引起的，而应借、应贷的会计科目正确，也可以采用红字更正法予以更正。更正时，按多记金额用红字填制一张记账凭证，其应借、应贷会计科目与原错误凭证相同，并在“摘要”栏中注明“冲销某月某日第某号凭证多记金额”字样，并据以登记入账，以冲销多记金额。

3. 补充登记法

记账后，如发现记账凭证中应借、应贷会计科目并无错误，而是由记账凭证所填金额小于应记金额引起的错误，可采用补充登记法。更正时，按少记的金额用蓝字填制一张应借、应贷会计科目与原错误凭证相同的记账凭证，在“摘要”栏中注明“补充某月某日第某号记账凭证少记金额”，并据以登记入账，以补充登记少记的金额。

九、结账

结账主要采用划线法，即期末结出各账户的本期发生额和期末余额后，加划线标记，并将期末余额结转至下期。

（1）对不需要按月结计本期发生额的账户，如经济业务发生较少的所有者权益类账户，每次记账后都要随时结出余额，每月最后一笔余额即为月末余额。月末结账时，只需要在最后一笔经济业务事项记录之下划通栏单红线，不需要再结计一次余额。

（2）库存现金、银行存款日记账和需要按月结计发生额的收入、费用等明细账，每月结账时，要结出本月发生额和余额，在摘要栏内注明“本月合计”字样，并在下面划通栏单红线。

（3）需要结计本年累计发生额的某些明细账户，如进行往来款项核算的债权、债务账户，每月结账时，应在“本月合计”行下结出自年初至本月末的累计发生额，登记在月份发生额下面，在摘要栏内注明“本年累计”字样，并在下面划通栏单红线。12月末的“本年累计”就是全年累计发生额，全年累计发生额下划通栏双红线。

（4）总分类账账户平时只需结出月末余额。年终结账时，将所有总分类账账户结出全年发生额和年末余额，在摘要栏内注明“本年合计”字样，并在合计数下划通栏双红线。

（5）年度终了结账时，有余额的账户要将其余额结转至下年，并在摘要栏注明“结转下年”字样；在下一会计年度新建有关会计账户的第一行余额栏内填写上年结转的余额，并在摘要栏注明“上年结转”字样。

3.5 实训资料

1. 日记账和明细账登记资料

根据实训 2 编制并经审核的记账凭证，分别登记库存现金日记账、银行存款日记账、各类明细分类账。

2. 科目汇总表（或汇总记账凭证）编制资料

根据实训 2 编制并经审核的记账凭证编制科目汇总表（或汇总记账凭证）。

3. 总分类账登记资料

根据实训 2 编制并经审核的记账凭证，或根据编制的科目汇总表（或汇总记账凭证）登记总分类账。

4. 对账资料

（1）根据登记的账簿资料编制“总分类账户发生额及余额试算平衡表”，进行总分类账账户对账。

（2）根据登记的账簿资料进行日记账与总分类账对账，核对日记账与有关总分类账账户本期发生额合计数和期末余额数是否相符。

（3）根据登记的账簿资料编制“总分类账户与明细分类账户对照表”或“明细分类账户本期发生额及余额明细表”，进行明细分类账与总分类账对账。

实训 4　编制会计报表

4.1 实训目标

（1）熟悉财务会计报告的种类、内容和结构。

（2）掌握资产负债表和利润表的编制方法，能够根据账簿资料熟练编制资产负债表和利润表。

4.2 实训内容

（1）编制资产负债表。

（2）编制利润表。

4.3 实训准备

本实训需预先准备空白的资产负债表和利润表，计算工具，印章、印泥，红色和黑色中性笔。

4.4 实训指导

微课：编制资产负债表

一、编制资产负债表

资产负债表各项目的“年初余额”应按上年各有关项目的“年末余额”填列，各项目的期末余额应根据有关账户的期末余额填列。具体的填列方法归纳起来，主要有以下 5 种。

（1）根据某个总账账户的期末余额直接填列。根据有关总账账户的期末余额直接填列的项目主要有“交易性金融资产”“递延所得税资产”“短期借款”“应交税费”“应付职工薪酬”“递延所得税负债”“实收资本（或股本）”“资本公积”“其他综合收益”“盈余公积”等项目。一般情况下，资产类项目直接根据其总账账户的借方余额填列，负债和所有者权益类项目直接根据其总账账户的贷方余额填列。

（2）根据若干个总账账户的期末余额分析计算填列。根据若干个总账账户的期末余额分析计算填列的项目主要有“货币资金”“存货”“固定资产”“在建工程”“其他应付款”“未分配利润”等项目。其计算公式为：

货币资金=库存现金+银行存款+其他货币资金

存货=材料采购（在途物资）+原材料+生产成本+库存商品+周转材料+委托加工物资+材料成本差异+发出商品−存货跌价准备（贷方余额）

固定资产=固定资产清理+固定资产−累计折旧−固定资产减值准备

在建工程=在建工程+工程物资−在建工程减值准备−工程物资减值准备

其他应付款=应付利息+应付股利+其他应付款

未分配利润=本年利润（贷方余额为正）+利润分配（贷方余额为正）

在存货、固定资产、在建工程等资产项目计算中，如这些资产发生减值，其减值金额会在这些资产的备抵账户中反映，如“存货跌价准备”“固定资产减值准备”“在建工程减值准备”“工程物资减值准备”等。

“未分配利润”项目平时应根据“本年利润”和“利润分配”账户的余额分析计算填列。这两个账户的贷方余额表示利润金额，用“+”表示；借方余额表示亏损金额，用“−”表示。计算结果如为负数，则以“−”填列。年度终了，“本年利润”结转后余额为0，“未分配利润”项目可以只根据“利润分配”账户的期末余额填列。

（3）根据有关总账所属的明细分类账户的期末余额分析计算填列。根据有关总账所属的明细分类账的期末余额分析计算填列的项目主要有“应收票据及应收账款”“预付账款”“应付票据及应付账款”“预收账款”“其他应收款”等项目。其计算公式为：

“应收票据及应收账款”项目金额=应收票据+应收账款明细账借方余额+预收账款明细账借方余额−应收账款的坏账准备

“预付账款”项目金额=预付账款明细账借方余额+应付账款明细账借方余额−坏账准备

“应付票据及应付账款”项目金额=应付票据+应付账款明细账贷方余额+预付账款明细账贷方余额

“预收账款”项目金额=预收账款明细账贷方余额+应收账款明细账贷方余额

其他应收款=应收利息+应收股利+其他应收款−其他应收款的坏账准备

（4）根据有关总账及其明细分类账户的期末余额分析计算填列。根据有关总账及其明细分类账户的期末余额分析计算填列的项目有“长期应收款”“长期待摊费用”“长期借款”“应付债券”“长期应付款”等。这些长期项目随着时间的推移，如果即将于1年内到期，则应根据明细账的记录，将其金额从总账金额中减去，归入“一年内到期的非流动资产”或“一年内到期的非流动负债”项目。

（5）根据有关资产类账户与其备抵账户抵销后的净额填列。根据有关资产类账户与其备抵账户抵销后的净额填列的项目有“应收账款”“应收票据”“其他应收款”“存货”“持有待售资产”“持有至到期投资”“长期股权投资”“固定资产”“在建工程”“工程物资”“无形资产”等。

二、编制利润表

利润表的金额栏分为“本期金额”和“上期金额”两栏。“上期金额”栏应根据上年利润表中“本期金额”栏内所列数字填列。“本期金额”栏内的各项数据应填写自年初至本核算月份的本年累计数，一般应将上月利润表的“本期金额”加上本月金额。在计算时，本月金额的计算方法归纳起来主要有以下 3 种。

（1）根据某个损益类账户的发生额分析填列。利润表项目可分为收益类项目和支出类项目。收益类项目大多根据收益类账户期末结转前贷方发生额减去借方发生额后的差额填列，若差额为负数，则以“-”填列，如“资产处置收益”“投资收益”“公允价值变动收益”“营业外收入”等项目；支出类项目大多根据支出类账户期末结转前借方发生额减去贷方发生额后的差额填列，若差额为负数，则以“-”填列，如“税金及附加”“销售费用”“财务费用”“财务费用”“资产减值损失”“营业外支出”“所得税费用”等项目。

（2）根据若干个损益类账户的发生额分析填列。利润表中的“营业收入”项目，应根据“主营业务收入”账户借贷方发生额的差额，与“其他业务收入”账户借贷方发生额的差额之和填列；同样，“营业成本”项目，应根据“主营业务成本”账户借贷方发生额的差额，与“其他业务成本”账户借贷方发生额的差额之和填列。

（3）根据某个损益类明细账户发生额分析填列。利润表中的“研发费用”项目应根据“管理费用”科目下的“研发费用”明细科目的发生额分析填列；“管理费用”项目则根据扣除“研发费用”后的其他管理费用明细科目发生额的合计填列。

（4）根据计算结果分析填列。利润表中的“营业利润”“利润总额”“净利润”等项目应根据计算公式计算填列，若为亏损，则以“-”填列。

4.5 实训资料

根据实训 3 登记的账簿资料编制 D 市美家整体衣柜有限公司 2019 年 12 月的资产负债表和利润表。

实训 5 装订与保管会计档案

5.1 实训目标

（1）掌握整理、装订会计凭证的方法，能够规范地整理、装订会计凭证。

（2）了解会计档案管理的相关知识，能够规范地整理、移交保管会计档案。

5.2 实训内容

（1）整理会计凭证。

（2）装订会计凭证。

（3）移交保管会计档案。

5.3 实训准备

装订会计凭证前应准备好装订用具，包括记账凭证封面和封底、包角纸、装订机或小手电钻、装订线、铁夹、胶水等。

5.4 实训指导

月末，会计人员应将分散的会计凭证装订成册，从而便于保管和利用，并应及时将会计凭证、会计账簿和会计报表移交指定负责人妥善保管。

一、会计凭证的整理

在装订前，要将记账凭证连同所附的原始凭证或原始凭证汇总表按编号顺序进行整理。

对于纸张面积大于记账凭证的原始凭证，为了便于日后的装订和保管，在填制记账凭证的时候应对附件进行必要的外形加工。加工后的原始凭证如果仍过宽、过长，则可按记账凭证的面积尺寸进行纵向和横向的折叠。折叠后的附件外形尺寸不应长于或宽于记账凭证，同时还应把凭证的左上角或左侧面空出来，以便装订后还可以展开查阅。

对于纸张面积过小的原始凭证，一般不能直接装订，可先按一定次序和类别排列，再将其粘在一张同记账凭证大小相同的白纸上，以用胶水粘贴为宜。小票应分张排列，同类同金额的单据尽量粘在一起，同时，在一旁注明张数和合计金额。

对于纸张面积略小于记账凭证的原始凭证，可以用回形针或大头针别在记账凭证后面，待装订凭证时，再抽去回形针或大头针。

如果原始凭证数量过多，可以单独装订，如领料单、入库单等，但在记账凭证上应注明保管地点。

在装订凭证前，还要根据一个月会计凭证的数量，确定装订的册数，每册的厚薄应基本保持一致，不能将几张同属于一份记账凭证附件的原始凭证拆开装订在两册之中，要做到既美观大方又便于翻阅。一本凭证的厚度一般以1.5～2.0厘米为宜。过薄，不利于戳立放置；过厚，不便于翻阅核查。凭证装订一般以月份为单位，每月订成一册或若干册。凭证少的单位，可以将若干个月份的凭证合并订成一册，在封面上注明本册所含凭证的月份。

二、会计凭证的装订

（1）加具凭证封面。所有凭证在装订前都要先加具封面。封面应选用较为结实、耐磨、韧性较强的纸质，如牛皮纸等。凭证封面如图2-5-1所示。封面上应填写好企业名称、凭证种类、起止号码、凭证张数、附件张数等，在封面上编好卷号、册号，并要在入柜后的显露处标明凭证种类编号，以便调阅。凭证封面上应有会计主管人员和装订人员的签章。

微课：装订凭证

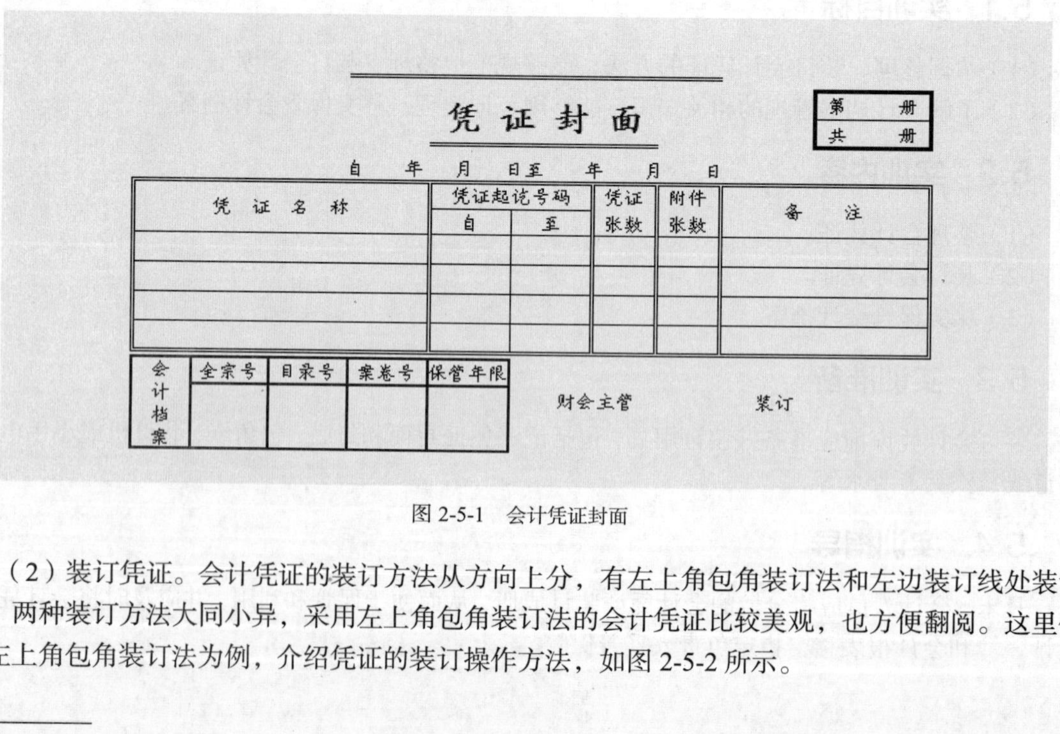
凭证封面

第　　册
共　　册

自　　年　　月　　日至　　年　　月　　日

凭证名称	凭证起讫号码		凭证张数	附件张数	备注
	自	至			

会计档案	全宗号	目录号	案卷号	保管年限

财会主管　　　　装订

图2-5-1　会计凭证封面

（2）装订凭证。会计凭证的装订方法从方向上分，有左上角包角装订法和左边装订线处装订法。两种装订方法大同小异，采用左上角包角装订法的会计凭证比较美观，也方便翻阅。这里仅以左上角包角装订法为例，介绍凭证的装订操作方法，如图2-5-2所示。

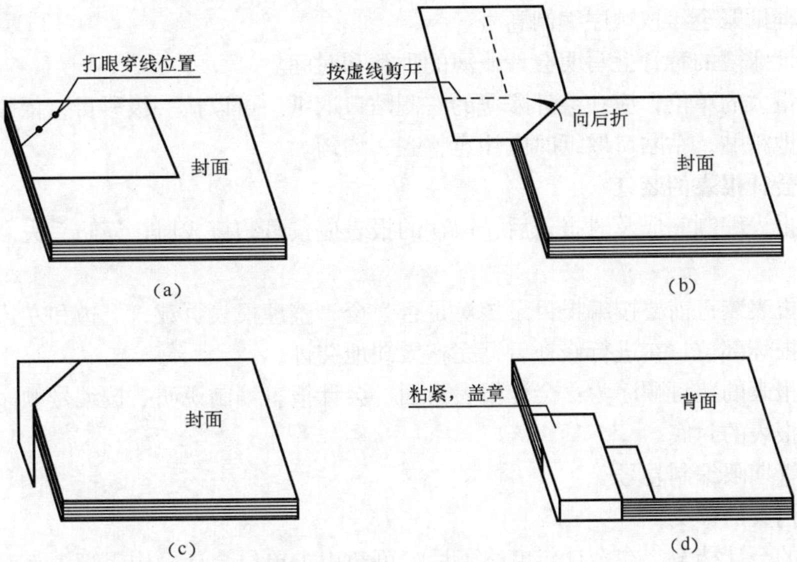

图 2-5-2　左上角包角装订法

① 将凭证封面和封底裁开，分别附在凭证前面和后面，再拿一张专用的包角纸放在封面上角。将会计凭证叠放整齐，左上角边缘对齐，并用铁夹夹紧。

② 在凭证的左上角画一腰长为 5 厘米的等腰三角形，用装订机在底线上均匀地打两个眼儿。

③ 用大针引线绳穿过两个眼儿。如果没有针，可以先将回形针扭直，然后将针丝两端并拢，将线绳穿入夹缝，即可做成大针。

④ 穿线并在凭证的背面打结。穿线绳时，最好把凭证两端也系上。

⑤ 将护角向左上侧面折，并将一侧剪开至凭证的左上角，然后抹上胶水。

⑥ 向上折叠，将侧面和背面的线绳扣粘死。

⑦ 待胶水晾干后，在凭证本的侧脊上面写“某年某月第某册共某册”的字样。装订人在装订线封签处签名或者盖章。

（3）凭证封面上填写好凭证种类、起止号码、凭证张数等。会计主管人员和装订人员应在封面上签章。

（4）原始凭证较多时可单独装订，但应在凭证封面上注明所属记账凭证的日期、编号和种类，同时应在所属的记账凭证上注明“附件另订”及原始凭证的名称和编号，以便查阅。

三、活页式明细分类账簿的装订

明细分类账簿采用的是活页式账页，在办理完年度结账后，应将活页式账页装订起来。

（1）多栏式活页账、三栏式活页账、数量金额式活页账等不得混装，应按同类业务、同类账页进行归类整理。

（2）保留使用过的账页，将账页数填写齐全，去除空白页，撤掉账夹，用质地好的牛皮纸做封面、封底。按封面、账簿启用表、账户目录、按顺序整理的账页、封底的顺序装订账簿。可以使用线绳穿孔装订，也可使用活页栓装订。注意每本账簿均应在账簿启用表的右上方贴上相应金额的印花税票。

（3）检查账簿的装订情况。会计账簿应牢固、平整，不得有折角、缺角、错页、掉页、加空白纸的现象。会计账簿的封口要严密，封口处要加盖有关印章。

（4）填写账簿封面，注明单位名称、所属年度及账簿名称、卷号，会计主管人员和装订人（经办人）应签章。会计账簿按保管期限分别编制卷号，如现金日记账全年按顺序编制卷号，总账、各类明细账、辅助账全年按顺序编制卷号。

（5）在会计账簿的背脊上写明会计账簿的种类和时间。

（6）业务量大的单位，应在会计账簿的右侧贴口取纸。可以按一级科目，依账页顺序由前往后、自上而下地粘贴，粘贴口取纸时应注意整齐、均匀。

四、财务会计报表的装订

财务会计报表编制完成及时报送后，留存的报表应按月装订成册，谨防丢失。小企业可按季度装订成册。

（1）会计报表装订前要按编报目录核对是否齐全，整理报表页数，上边和左边对齐压平，防止折角。如有损坏部位，在进行修补后，完整无缺地装订。

（2）会计报表的装订顺序为：会计报表封面、会计报表编制说明、按编号顺序排列的各种会计报表、会计报表的封底。

（3）按保管期限编制卷号。

五、会计档案的移交

当年形成的会计档案，在会计年度终了后，可暂由本单位会计机构保管1年。期满后，应由会计机构移交本单位的档案机构统一保管。会计档案移交时应办理交接手续。

（1）移交会计档案的单位，应当编制会计档案移交清册，如图2-5-3所示。

2018年会计档案移交清册

编号	文件名称	起止卷号	应保管期限	已保管期限	保管地点及其他

移交单位： 移交人： 接收单位： 接收人：

图2-5-3 会计档案移交清册

（2）交接会计档案时，交接双方应当按照会计档案移交清册所列内容逐项交接，并由交接双方的单位负责人监交。

（3）交接完毕后，交接双方经办人员和监交人员应当在会计档案移交清册上签名或者盖章。

六、会计档案的保管

（1）会计档案应当科学管理，做到妥善保管、存放有序、查找方便。同时，保管部门应严格执行安全和保密制度，不得随意堆放，严防毁损、散失和泄密，并按规定的保管期限保管。

（2）会计档案不得外借。遇有特殊需要，经本单位负责人、会计主管人员批准，在不拆散原卷册的前提下，可以查阅或复印，并应在专设的登记簿上登记。

（3）会计档案保管期满，需要销毁时，由本单位档案机构提出销毁意见，编制“会计档案销毁清册”，报单位负责人在“会计档案销毁清册”上签署意见后方可销毁。

5.5 实训资料

对D市美家整体衣柜有限公司2019年12月所有经济业务事项的原始凭证、记账凭证进行分类整理和装订，并将所登记的日记账、明细分类账、总分类账和会计报表分别装订成册，按实训要求移交保管。

附录

附录 A　经济业务案例

一、企业概况

张丰和陈丽于 2018 年 10 月各投资 100 万元创建了 D 市美家整体衣柜有限公司。他们于 D 市开发区购买了厂房，并配有办公楼和仓库，公司拥有切割机、封边机等先进的生产设备。经过一年多的发展，公司拥有员工 50 名，其中生产一线员工 35 名。

公司的主要经营业务是根据工程项目订单和当地整体衣柜店的订单加工衣柜板材，按订单要求对板材进行切割和封边后，将加工好的柜板根据客户要求运送到指定地点，业务流程如附图 A-1 所示。公司承接的工程订单可以赊账；在收到店面订单时，则需预先收取 60%的货款，加工好的柜板运送到指定地点后一个星期内结算余款。公司的原材料采用移动平均法进行发出计价核算，产成品采用全月一次加权平均法进行发出计价核算，坏账准备按应收账款余额的 3%计提。

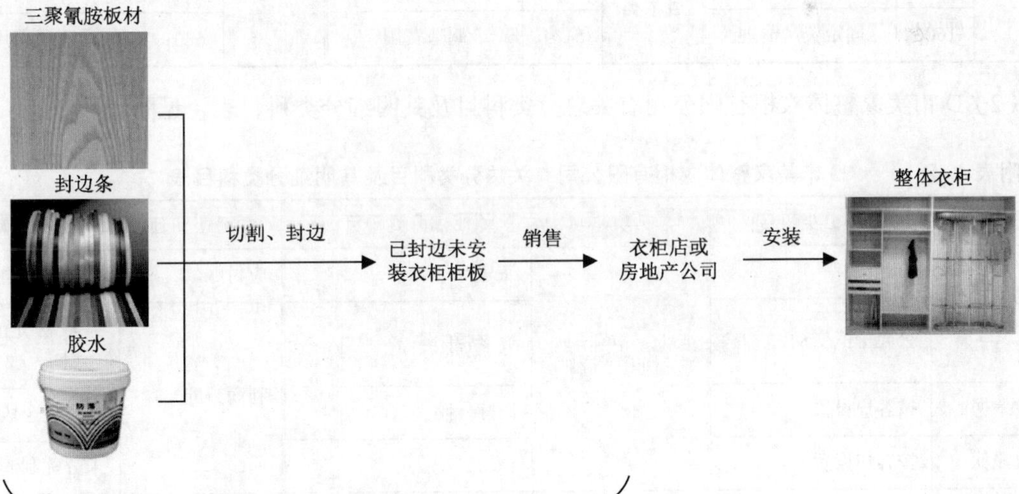

附图 A-1

在本书后面提供的模拟资料中，对企业的经营业务进行了适当的简化处理，这些简化处理不会影响读者对会计业务的理解和实务操作。

二、D 市美家整体衣柜有限公司 2019 年 12 月初期初资料

（1）D 市美家整体衣柜有限公司会计科目表（见附表 A-1）。

附表 A–1　　D 市美家整体衣柜有限公司会计科目表

<table>
<tr><th>分类</th><th>编码</th><th>科目名称</th><th>分类</th><th>编码</th><th>科目名称</th><th>分类</th><th>编码</th><th>科目名称</th></tr>
<tr><td rowspan="15">资产类</td><td>1001</td><td>库存现金</td><td>资产类</td><td>1911</td><td>待处理财产损溢</td><td rowspan="15">损益类</td><td>6001</td><td>主营业务收入</td></tr>
<tr><td>1002</td><td>银行存款</td><td rowspan="7">负债类</td><td>2001</td><td>短期借款</td><td>6051</td><td>其他业务收入</td></tr>
<tr><td>1101</td><td>交易性金融资产</td><td>2202</td><td>应付账款</td><td>6301</td><td>营业外收入</td></tr>
<tr><td>1121</td><td>应收票据</td><td>2203</td><td>预收账款</td><td>6101</td><td>公允价值变动损益</td></tr>
<tr><td>1122</td><td>应收账款</td><td>2211</td><td>应付职工薪酬</td><td>6111</td><td>投资收益</td></tr>
<tr><td>1123</td><td>预付账款</td><td>2221</td><td>应交税费</td><td>6401</td><td>主营业务成本</td></tr>
<tr><td>1221</td><td>其他应收款</td><td>2231</td><td>应付利息</td><td>6402</td><td>其他业务成本</td></tr>
<tr><td>1231</td><td>坏账准备</td><td>2232</td><td>应付股利</td><td>6403</td><td>税金及附加</td></tr>
<tr><td>1402</td><td>在途物资</td><td rowspan="5">所有者权益类</td><td>4001</td><td>实收资本</td><td>6601</td><td>销售费用</td></tr>
<tr><td>1403</td><td>原材料</td><td>4002</td><td>资本公积</td><td>6602</td><td>管理费用</td></tr>
<tr><td>1405</td><td>库存商品</td><td>4101</td><td>盈余公积</td><td>6603</td><td>财务费用</td></tr>
<tr><td>1601</td><td>固定资产</td><td>4103</td><td>本年利润</td><td>6701</td><td>资产减值损失</td></tr>
<tr><td>1602</td><td>累计折旧</td><td>4104</td><td>利润分配</td><td>6702</td><td>资产处置损益</td></tr>
<tr><td>1604</td><td>在建工程</td><td rowspan="2">成本类</td><td>5001</td><td>生产成本</td><td>6711</td><td>营业外支出</td></tr>
<tr><td>1606</td><td>固定资产清理</td><td>5101</td><td>制造费用</td><td>6801</td><td>所得税费用</td></tr>
</table>

（2）D 市美家整体衣柜有限公司有关总分类科目及其明细分类科目表（见附表 A-2）。

附表 A–2　　D 市美家整体衣柜有限公司有关总分类科目及其明细分类科目表

<table>
<tr><th>总分类科目</th><th>明细分类科目</th><th>总分类科目</th><th>明细分类科目</th><th>总分类科目</th><th>明细分类科目</th></tr>
<tr><td rowspan="2">交易性金融资产</td><td>成本</td><td rowspan="4">应付职工薪酬</td><td>工资</td><td>应付账款</td><td>按供应商设置</td></tr>
<tr><td>公允价值变动</td><td>养老保险</td><td rowspan="3">利润分配</td><td>提取法定盈余公积</td></tr>
<tr><td>应收票据</td><td>按客户设置</td><td>医疗保险</td><td>应付现金股利</td></tr>
<tr><td>应收账款</td><td>按客户设置</td><td>住房公积金</td><td>未分配利润</td></tr>
<tr><td>预付账款</td><td>按供应商和预付项目</td><td rowspan="4">应交税费</td><td>应交增值税</td><td>生产成本</td><td>按产品品种</td></tr>
<tr><td>其他应收款</td><td>按职工和应收项目</td><td>应交城市维护建设税</td><td>主营业务收入</td><td>按产品品种</td></tr>
<tr><td>在途物资</td><td>按原材料品种</td><td>应交教育费附加</td><td>主营业务成本</td><td>按产品品种</td></tr>
<tr><td>原材料</td><td>按原材料品种</td><td>应交所得税</td><td></td><td></td></tr>
<tr><td>库存商品</td><td>按产品品种</td><td>应付票据</td><td>按供应商设置</td><td></td><td></td></tr>
</table>

（3）D 市美家整体衣柜有限公司 2019 年 12 月初期初余额资料（见附表 A-3）。

附表 A–3　　D 市美家整体衣柜有限公司 2019 年 12 月初期初余额资料　　单位：元

科目分类	科目编码	总分类账户	明细分类账户	借方余额	贷方余额	备注
资产类	1001	库存现金		5 000.00		
	1002	银行存款		500 000.00		
	1101	交易性金融资产		250 000.00		
			成本	300 000.00		
			公允价值变动		50 000.00	
	1122	应收账款		30 000.00		
			美家专卖店	30 000.00		
	1231	坏账准备		100.00		
	1403	原材料		276 500.00		
			胡桃木纹板材	36 300.00		300 张，121 元/张
			水曲柳纹板材	79 200.00		600 张，132 元/张
			樱桃木纹板材	66 000.00		500 张，132 元/张
			背板	48 000.00		800 张，60 元/张
			胡桃木封边	12 000.00		300 卷，40 元/卷
			水曲柳封边	12 000.00		300 卷，40 元/卷
			樱桃木封边	8 000.00		200 卷，40 元/卷
			胶水	15 000.00		30 桶，500 元/桶
	1405	库存商品		484 500.00		
			橡木柜板	390 000.00		6 000 米^2，65 元/米^2
			胡桃木柜板	94 500.00		1 350 米^2，70 元/米^2
	1601	固定资产		2 032 500.00		
	1602	累计折旧			140 000.00	
负债类	2203	预收账款			130 000.00	
			雅丽衣柜店		130 000.00	
	2211	应付职工薪酬			180 000.00	
			工资		150 000.00	
			养老保险		12 000.00	
			医疗保险		3 000.00	
			住房公积金		15 000.00	
	2221	应交税费			27 000.00	
			应交企业所得税		20 000.00	
			应交城市维护建设税		4 900.00	
			应交教育费附加		2 100.00	

续表

科目分类	科目编码	总分类账户	明细分类账户	借方余额	贷方余额	备注
所有者权益类	4001	实收资本			3 000 000.00	
	4101	盈余公积			30 000.00	
	4103	本年利润			50 000.00	
	4104	利润分配			26 600.00	
			未分配利润		26 600.00	
成本类	5001	生产成本		5 000.00		
			胡桃木柜板	5 000.00		

（4）D市美家整体衣柜有限公司2019年11月利润表（见附表A-4）。

附表A-4　　D市美家整体衣柜有限公司2019年11月利润表　　单位：元

项目	本期金额	上期金额
一、营业收入	8 000 000.00	略
减：营业成本	7 100 000.00	
税金及附加	109 000.00	
销售费用	65 000.00	
管理费用	560 000.00	
研发费用		
财务费用	20 000.00	
其中：利息费用	20 000.00	
利息收入		
资产减值损失	200 000.00	
信用减值损失		
加：其他收益		
投资收益（损失以“-”号填列）		
其中：对联营企业和合营企业的投资收益		
净敞口套期收益（损失以“-”号填列）		
公允价值变动收益（损失以“-”号填列）	-50 000.00	
资产处置收益（损失以“-”号填列）		
二、营业利润（亏损以“-”号填列）	116 000.00	
加：营业外收入		
减：营业外支出	49 300.00	
三、利润总额（亏损以“-”号填列）	66 700.00	
减：所得税费用	16 700.00	
四、净利润（净亏损以“-”号填列）	50 000.00	
（一）持续经营净利润（净亏损以“-”号填列）	50 000.00	
（二）终止经营净利润（净亏损以“-”号填列）		
五、其他综合收益的税后净额		
六、综合收益总额	50 000.00	
七、每股收益：		

三、其他资料

（1）公司资料。

公司为增值税一般纳税人，适用13%的增值税税率。

纳税人登记号：320400109055667788。

公司地址：江苏省D市城南区兴华路8号。

电话：86621598。

开户行及账号：工商银行D市城南支行，账号为3368877665544332211。

公司法人代表：张丰。

会计主管：杨兴。

会计：实训学生。

出纳：实训学生。

（2）供应商资料（见附表A-5）。

附表A-5　　D市美家整体衣柜有限公司供应商资料

供应商名称	纳税人登记号	地址	电话	开户行及账号
C市正威工贸有限公司	320199107022222333	江苏省C市发展路20号	83324455	工商银行C市开发支行 34201 58150 00525 1234
D市绿意木业有限公司	320499109012345345	江苏省D市平安路80号	86163388	工商银行D市平安支行 33202 12345 67890 5432
E市森宝木业有限公司	320599109054321211	江苏省E市永乐路15号	87712211	工商银行E市永乐支行 31102 98765 43210 9876

（3）客户资料（见附表A-6）。

附表A-6　　D市美家整体衣柜有限公司客户资料

客户名称	纳税人登记号	地址	电话	开户行及账号
D市金湖路美家专卖店	320499203033333555	江苏省D市新城路30号	86103322	工商银行D市新区支行 33201 12233 44551 2345
D市雅丽衣柜店	320499203011111233	江苏省D市新城路50号	86101166	工商银行D市新区支行 33202 23344 55667 7889
D市温馨衣柜店	320499203088888112	江苏省D市新民路10号	86185566	建设银行D市城北支行 54321 12345 98765 0987
D市格调衣柜店	320499203099999432	江苏省D市新民路18号	86207788	中国银行D市城中支行 12345 67890 09876 5432
D市金城房地产有限公司	320499106098765667	江苏省D市城中路2号	86608888	工商银行D市城东支行 33203 34455 66778 8990

四、2019年12月经济业务资料

（1）1日，以转账支票支付厂房和生产线设备6个月的财产保险费3 180元，其中不含税价款为3 000元，增值税税额为180元。本月分摊的财产保险费为500元（见附图A-2～附图A-4）。

中国工商银行
转账支票存根（苏）
XII67812345

附加信息

出票日期：2019年 12月 01日

收款人：太平财产保险公司
金额：￥3180.00
用途：厂房和设备保险

单位主管 杨 兴　会计 钟景芳

D市美家整体……财务专用章

附图 A-2

3200172130

江苏增值税专用发票

№ 13312244

3200172130
13312244

发票联

开票日期：2019年12月01日

购货单位	名　　称：D市美家整体衣柜有限公司 纳税人识别号：320400109055667788 地址、电话：江苏省D市城南区兴华路8号 86621598 开户行及账号：工商银行D市城南支行 336887766554433221l	密码区	2>52345117584255 23+184* 54//8296/+98125*457/457 787/26587456<<*96+/56<5 8542*/+5872<>5<<5841369

货物或应税劳务名称	规格型号	单位	数量	单价	金额	税率	税额
*保险服务*财产保险服务		月	6	500.00	3000.00	6%	180.00
合　计					3000.00		180.00
价税合计（大写）	人民币⊗叁仟壹佰捌拾元整				（小写）￥3180.00		

销货单位	名　　称：中国太平洋财产保险有限公司江苏分公司 纳税人识别号：32000215467222336 地址、电话：江苏省D市人民东路12号 88886666 开户行及账号：工商银行D市人民路支行 3878657665154322136	备注	中国太平洋财产保险公司江苏分公司 32000215467222336 发票专用章

收款人：　　复核：　　开票人：李敏　　销货单位：（章）

转账付讫

第三联：发票联　购货方记账凭证

附图 A-3

财产保险费用分摊计算表

2019 年 12 月 01 日　　　　单位：元

厂房设备保险费总金额	保险期间	月份数	本月分摊金额
3000.00	2019.12 —2020.05	6	500.00

审核：杨 兴　　制单：钟景芳

附图 A-4

（2）1日，销售给D市金城房地产有限公司橡木柜板6 000平方米，每平方米不含税价为75元，增值税税率为13%，D市金城房地产有限公司开出面值为508 500元的两个月银行承兑汇票（见附图A-5～附图A-7）。

（3）1日，为了扩大生产经营规模，公司决定吸收新股东李泽入股，李泽出资500 000元获得公司300 000元股份，李泽的出资款已存入公司账户（见附图A-8、附图A-9）。

江苏增值税专用发票

3200172130　　No 66223376

3200172130
66223376

此联不作报销、扣税凭证使用　　开票日期：2019年12月01日

购货单位	名称：D市金城房地产有限公司 纳税人识别号：320499106098765667 地址、电话：江苏省D市城中路2号 86608888 开户行及账号：工商银行D市城东支行 3320334455667788990				密码区	2584584*54296/+98125*45 7/45772456<<521*96+///8 562>7<58542*/+5872<>5<< 58413651236 4513+987/587	
货物或应税劳务名称	规格型号	单位	数量	单价	金额	税率	税额
*木制品*单板	18mm橡木	平方米	6000	75.00	450000.00	13%	58500.00
合计					450000.00		58500.00
价税合计（大写）	人民币⊗伍拾万捌仟伍佰元整				（小写）¥508500.00		
销货单位	名称：D市美家整体衣柜有限公司 纳税人识别号：320400109055667788 地址、电话：江苏省D市城南区兴华路8号 86621598 开户行及账号：工商银行D市城南支行 3368877665544332211				备注		

收款人：　　复核：　　开票人：李博　　销货单位：（章）

第一联：记账联　销货方记账凭证

附图A-5

银行承兑汇票

2　CA/01　0035232

出票日期（大写）　贰零壹玖 年　壹拾贰 月　零壹 日

付款人	全称	D市金城房地产有限公司	收款人	全称	D市美家整体衣柜有限公司
	账号	3320334455667788990		账号	3368877665544332211
	开户银行	工商银行D市城东支行		开户银行	工商银行D市城南支行
出票金额	人民币（大写）	伍拾万零捌拾伍元整		亿千百十万千百十元角分	¥50850000 0
汇票到期日（大写）		贰零贰零年零贰月零壹日	付款行	行号	33602
承兑协议编号		2019-120068		地址	江苏省D市城东路5号

本汇票请你行承兑，到期无条件付款。

D市金城房地产有限公司 财务专用章　刘跃飞印

出票人签章

本汇票已经承兑，到期日由本行付款。

中国工商银行D市分行 汇票专用章　赵明华印

承兑行签章

承兑日期　　年　月　日

备注：

此联收款人开户行随托收凭证寄付款行作借方凭证附件

附图A-6

产 成 品 出 库 单 No 12345321

购货单位：D 市金城房地产有限公司 2019 年 12 月 01 日 仓库：产成品仓库

产品名称	规格	计量单位	出库数量	备 注
衣柜柜板	18mm 橡木	平方米	6000	
合 计			6000	

第三联 记账联

仓库主管：孙洪江 记账： 发货人：李 新 经办人：张聪

附图 A-7

股东持股证明书

股东：李 泽

截止 2019 年 12 月 01 日，投资方李泽以货币资金 500000 元（人民币伍拾万元整）投资，获得本公司 300000 元（人民币叁拾万元整）股份。

特此证明

D 市美家整体衣柜有限公司

2019 年 12 月 01 日

附图 A-8

D 市同城票据交换（贷）方补充凭证 38119118

发报行名称：银行卡服务部 2019 年 12 月 01 日 提交号 858

发报行行号	111	汇（提）出行行号		收报行行号	336	汇(提)入行行号	
付款人 账号	8501489523654586			收款人 账号	3368877665544332211		
付款人 名称	李泽			收款人 名称	江苏省 D 市美家整体衣柜有限公司		
金额：人民币伍拾万元整				¥500000.00			
事由：存入投资款				业务种类：02			
备注	签发日期 20101201 支付密码 地方密押 8363356 原凭证号码			科目(借) 科目(贷) 复核： 记账： 制单：			

汇(提)入序号 858 打印日期 20101201 打印流水号 088712000158 电脑打印 手工无效

此联作借方记账凭证或收账通知

附图 A-9

（4）1 日，向 E 市森宝木业有限公司购入 18mm 樱桃木纹板材 1 000 张、18mm 水曲柳纹板材 2 000 张，每张不含税价均为 131.8 元，增值税税率为 13%。E 市森宝木业有限公司代垫含税运费共 654 元，按采购的两种板材的数量分摊运费，材料款和运费已通过银行电汇支付，材料尚未验收入库（见附图 A-10～附图 A-13）。

江苏增值税专用发票 №44223344

3200172130　　3200172130 44223344

发票联　　开票日期：2019年11月30日

购货单位	名称：D市美家整体衣柜有限公司 纳税人识别号：320400109055667788 地址、电话：江苏省D市城南区兴华路8号 86621598 开户行及账号：工商银行D市城南支行 3368877665544332211	密码区	584255184*54296/+98125* 457/457726587456<<52345 11*96+///8562>7<58542*/ +5872<>5<<58413623+987/

货物或应税劳务名称	规格型号	单位	数量	单价	金额	税率	税额
*木制品*热固性树脂装饰层压板	18mm樱桃木纹	张	1000	131.80	131800.00	13%	17134.00
*木制品*热固性树脂装饰层压板	18mm水曲柳纹	张	2000	131.80	263600.00	13%	34268.00
合计					395400.00		51402.00
价税合计（大写）	人民币⊗肆拾肆万陆仟捌佰零贰元整				（小写）¥446802.00		

销货单位	名称：E市森宝木业有限公司 纳税人识别号：320599109054321211 地址、电话：E市永乐路15号 87712211 开户行及账号：工商银行E市永乐支行 3110298765432109876	备注	

收款人：　复核：　开票人：李明华　销货单位：（章）

第三联：发票联 购货方记账凭证

转账付讫

附图 A-10

中国工商银行 电汇凭证（回 单）　1　00894356

☑普通　☐加急　委托日期 2019 年 12 月 01 日

汇款人	全称	D市美家整体衣柜有限公司	收款人	全称	E市森宝木业有限公司
	账号	3368877665544332211		账号	3110298765432109876
	汇出地点	江苏 省 D 市/县		汇出地点	江苏 省 E 市/县
汇出行名称		工商银行D市城南支行	汇入行名称		工商银行E市永乐支行
金额		人民币肆拾肆万柒仟肆佰伍拾陆元整			¥447456.00
汇出行签章			支付密码		
			附加信息及用途		复核：　记账：

此联是汇出行给汇款人的回单

中国工商银行D市分行 城南支行 2019.12.01 转讫

附图 A-11

江苏增值税专用发票 №44221144

3200172130　　3200172130 44221144

发票联　　开票日期：2019年11月30日

购货单位	名称：D市美家整体衣柜有限公司 纳税人识别号：320400109055667788 地址、电话：江苏省D市城南区兴华路8号 86621598 开户行及账号：工商银行D市城南支行 3368877665544332211	密码区	2>758425523+184*54//829 6/+98125*457/457787/265 87456<<5234511*96+/56<5 8542*/+5872<>5<<5841369

货物或应税劳务名称	规格型号	单位	数量	单价	金额	税率	税额
*运输服务*陆路货物运输服务		次	1	600.00	600.00	9%	54.00
合计					600.00		54.00
价税合计（大写）	人民币⊗陆佰伍拾肆元整				（小写）¥654.00		

销货单位	名称：E市快达货运有限公司 纳税人识别号：320109054321211599 地址、电话：E市永乐路75号 87725612 开户行及账号：工商银行E市永乐支行 3110221098769876543	备注	起运地：江苏省E市 到达地：江苏省D市城南区 车号：苏E35446 运输货物：三聚氰胺板

收款人：　复核：　开票人：孙文武　销货单位：（章）

第三联：发票联 购货方记账凭证

转账付讫

附图 A-12

材料采购成本计算表

2019 年 12 月 01 日　　　　单位：元

材料名称	采购成本					
	买价	采购费用				合计
		运杂费	其他	材料数量（张）	分配率	
樱桃木纹板材	131 800.00	200.00		1000	0.3333	132 000.00
水曲柳纹板材	263 600.00	400.00		2000	0.6667	264 000.00
合计	395 400.00	600.00		3000	1	398 000.00
备注	运杂费按采购数量分摊					

审核：杨兴　　　　制单：钟景芳

附图 A-13

（5）2 日，从 E 市森宝木业有限公司购入的板材经验收合格后入库（见附图 A-14）。

收料单　　No 33221155

材料类别：原材料

收料仓库：材料仓库　　　　2019年 12月 02 日

供应单位	E市森宝木业有限公司				发票号：44223344　44221144									
材料名称	材料规格	单位	实收数量	单价	金额									
					千	百	十	万	千	百	十	元	角	分
樱桃木纹板材	18mm	张	1000	132.00			1	3	2	0	0	0	0	0
水曲柳纹板材	18mm	张	2000	132.00			2	6	4	0	0	0	0	0
备注				合计		¥	3	9	6	0	0	0	0	0

第三联：记账联

记账：　　检验：刘宝淑　　收料：陈迈　　制单：赵燕

附图 A-14

（6）2 日，从银行借入三个月短期借款 30 万元，年利率为 6%，到期还本付息，所得借款已存入银行（见附图 A-15）。

贷款凭证（3）（收账通知）

2019 年 12 月 02 日

单位名称	D市美家整体衣柜有限公司		种类	短期	贷款户账号	3368877665544332211
金额	人民币(大写) 叁拾万元整				千 百 十 万 千 百 十 元 角 分	¥ 3 0 0 0 0 0 0 0
用途	周转资金	单位申请期限	自 2019 年 12 月 02 日起至 2020 年 03 月 02 日止		利率	6%
		银行核定期限	自 2019 年 12 月 02 日起至 2020 年 03 月 02 日止			
以上贷款已核准发放，并已划入你单位账户。 银行签章						

城南支行 2019.12.02 结算专用章

附图 A-15

（7）3 日，采购员钱立出差预借差旅费 1 000 元，经有关领导审核同意后，出纳用现金支付（见附图 A-16）。

借　款　单

2019年 12月 03日

借款部门	供应部	借款人	钱立
借款用途	预借差旅费		
借款金额	人民币（大写）壹仟元整　　（小写）￥1000.00		
实际报销金额	￥________	结余金额	￥
		超支金额	￥
领导意见	同意　张明刚	借款人签章	钱立

财务主管：杨兴　　会计：钟景芳　　出纳：张玲

附图 A-16

（8）3 日，公司购入需安装封边机一台，增值税专用发票显示价款为 50 000 元，增值税为 6 500 元，款项已通过银行电汇支付（见附图 A-17～附图 A-19）。

江苏增值税专用发票　　№ 11335577

3200172130

发票联

3200172130
11335577

开票日期：2019年12月03日

购货单位	名　　称：D市美家整体衣柜有限公司 纳税人识别号：320400109055667788 地址、电话：江苏省D市城南区兴华路8号 86621598 开户行及账号：工商银行D市城南支行 3368877665544332211	密码区	57/2658411*92552>758423 +13484*54//8296/+98156< 25*457/45/51874<526+6<5 8542*872<73678>5/+5<<59

货物或应税劳务名称	规格型号	单位	数量	单价	金额	税率	税额
*木材加工机械*木材处理及制品加工机械	封边机 SDE10258	台	1	50000.00	50000.00	13%	6500.00
合　计					50000.00		6500.00
价税合计（大写）	人民币⊗伍万陆仟伍佰元整				（小写）￥56500.00		

销货单位	名　　称：F市永坚工业设备有限公司 纳税人识别号：320601990586876543 地址、电话：F市永康路40号 85462507 开户行及账号：工商银行F市新民支行 3236548795410236598	备注	

收款人：　　复核：　　开票人：赵展鹏　　销货单位：（章）

转账付讫

第三联：发票联　购货方记账凭证

附图 A-17

固定资产移交安装报告单

2019 年 12月 03 日

名　称	规格型号	单　位	数　量	设备价款	移交单位
封边机	SDE10258	台	1	50000.00	设备管理部
合计			1	50000.00	
备注					

使用部门主管：郑君明　　会计：钟景芳　　制单：钟景芳

附图 A-18

中国工商银行　电汇凭证（回　单）　1　　00765432

☑普通　□加急　　委托日期 2019 年 12 月 03 日

汇款人	全　称	D市美家整体衣柜有限公司	收款人	全　称	F市永坚工业设备有限公司
	账　号	3368877665544332211		账　号	3236548795410236598
	汇出地点	江苏 省 D 市/县		汇出地点	江苏 省 F 市/县
汇出行名称		工商银行D市城南支行	汇入行名称		工商银行F市新民支行
金额	人民币伍万陆仟伍佰元整		亿千百十万千百十元角分		¥5650000
			支付密码		
			附加信息及用途		
汇出行签章			复核：　记账：		

（印章：中国工商银行D市分行 城南支行 2019.12.03 转讫）

附图 A-19

（9）4 日，现金支付购入的封边机装卸费 500 元（见附图 A-20），取得的是增值税普通发票。

江苏增值税普通发票

3200173620　　№ 11335567　　3200173620　11335567

发票联　　开票日期：2019年12月04日

购货单位	名　　称：D市美家整体衣柜有限公司 纳税人识别号：320400109055667788 地 址、电 话：江苏省D市城南区兴华路8号 86621598 开户行及账号：工商银行D市城南支行 3368877665544332211	密码区	284*5424296/+98125*457 /4574558756<<5821*96+/ //8562>7<552*23658/+58 72<>5<<58413645174 51+3

货物或应税劳务名称	规格型号	单位	数量	单价	金额	税率	税额
*物流辅助服务*装卸搬运服务		次	1	471.70	471.70	6%	28.30
合　计					471.70		28.30
价税合计（大写）	人民币⊗伍佰元整				（小写）¥500.00		

销货单位	名　　称：D市丰华物流有限公司 纳税人识别号：320404399057858567 地 址、电 话：江苏省D市大兴路49号 85975642 开户行及账号：工商银行D市大兴支行 3548795412360298365	备注	

收款人：　复核：　开票人：张小慧　销货单位：（章）

（印章：现金付讫；D市丰华物流有限公司 320404399057868567 发票专用章）

第二联：发票联　购货方记账凭证

附图 A-20

（10）5 日，封边机安装完毕，经验收合格后交付车间使用（见附图 A-21）。

固定资产移交使用报告单

2019 年 12月 03 日

名　称	规格型号	单　位	数　量	设备价款	移交单位
封边机	SDE10258	台	1	50500.00	制造部
合计			1	50500.00	
备注					

使用部门主管：冯强　　会计：钟景芳　　制单：钟景芳

附图 A-21

（11）10 日，缴纳上月应交企业所得税 20 000 元、城建税 4 900 元、教育费附加 2 100 元，共计 27 000 元（见附图 A-22）。

中华人民共和国

税收缴款书（银行经收专用）

（151）苏地银 00345765

登记注册类型：有限责任公司　　填发日期：2019 年 12 月 10 日　　税务机关：D 市城南区税务分局

缴款单位（人）	识别号	320400109055667788	开户银行	工商银行 D 市城南支行				
	名称	D 市美家整体衣柜有限公司	账号	3368877665544332211				
收款国库		国家金库 D 市城南支库	税款限缴日期	2019 年 12 月 15 日				
预算科目			品目名称	课税数量	计税金额或销售收入	税率或单位税额	税款所属时期	已缴或扣除额	实缴金额
编码	名称	级次							
1010433	股份制企业所得税	地市财政	企业所得税		80000.00	25%			20000.00
1010903	股份制企业城市维护建设税	地市财政	增值税		70000.00	7%			4900.00
1030203	教育费附加收入	地市财政	增值税		70000.00	3%			2100.00
金额合计	（大写）人民币贰万柒仟元整								27000.00
税务机关（盖章）填表人	缴款单位（人）（盖章）经办人		上列款项已收妥并划转收款单位账户 国库（银行）盖章 年 月 日			备注			

逾期不缴按税法规定加收滞纳金　　安善保管

附图 A-22

（12）11 日，预收 D 市格调衣柜店订单货款 100 000 元，货款已存入银行（见附图 A-23）。

中国工商银行 进 账 单（收账通知）

2019 年 12 月 11 日

出票人	全称	D 市格调衣柜店	收款人	全称	D 市美家整体衣柜有限公司
	账号	1234567890098765432		账号	3368877665544332211
	开户银行	中国银行 D 市城中支行		开户银行	工商银行 D 市城南支行
金额	人民币（大写）	壹拾万元整		亿千百十万千百十元角分	¥10000000
票据种类		转账支票			
票据张数		1			
单位主管　会计　复核　记账				持票人开户行盖章	

附图 A-23

（13）12 日，将 100 张未加工的水曲柳纹板材销售给 D 市温馨衣柜店，每张不含税价 152 元，增值税税率为 13%，货款已存入银行（见附图 A-24、附图 A-25）。

3200172130　　**江苏增值税专用发票**　　№ 66223377

此联不作报销、扣税凭证使用　　3200172130　66223377

开票日期：2019年12月12日

购货单位	名称：D市温馨衣柜店 纳税人识别号：320499203088888112 地址、电话：江苏省D市新民路10号 86185566 开户行及账号：建设银行D市城北支行 5432112345987650987				密码区	852584*54296/+98125*457 /45772542*/456<<584521* 96+//8562>7<+5872<>5<<5 8413/5874513+987/651236	
货物或应税劳务名称	规格型号	单位	数量	单价	金额	税率	税额
*木制品*热固性树脂装饰层压板	18mm水曲柳纹	张	100	152.00	15200.00	13%	1976.00
合计					15200.00		1976.00
价税合计（大写）	人民币⊗壹万柒仟壹佰柒拾陆元整				（小写）¥17176.00		
销货单位	名称：D市美家整体衣柜有限公司 纳税人识别号：320400109055667788 地址、电话：江苏省D市城南区兴华路8号 86621598 开户行及账号：工商银行D市城南支行 3368877665544332211				备注		

第一联：记账联　销货方记账凭证

收款人：　　复核：　　开票人：李博　　销货单位：（章）

附图 A-24

中国工商银行 进 账 单 （收账通知）

2019 年 12 月 12 日

出票人	全　称	D 市温馨衣柜店	收款人	全　称	D 市美家整体衣柜有限公司
	账　号	320499203088888		账　号	3368877665544332211
	开户银行	D 市新民路 10 号		开户银行	工商银行 D 市城南支行
金额	人民币（大写）	壹万柒仟壹佰柒拾陆元整		亿 千 百 十 万 千 百 十 元 角 分	¥ 1 7 1 7 6 0 0
	票据种类	转账支票			
	票据张数	1			
单位主管	会计	复核	记账		持票人开户行盖章

（盖章：中国工商银行 D 市分行 城南支行 2019.12.12 转讫）

附图 A-25

（14）13 日，结转销售给 D 市温馨衣柜店的水曲柳纹板材成本（见附图 A-26）。

领 料 单

No 55331125

材料科目：原材料
领料部门：市场部
用　途：销售　　2019年12月13日　　材料类别：

材料名称	材料规格	单位	实发数量	单价	千	百	十	万	千	百	十	元	角	分
板材	18mm水曲柳纹	张	100.00	132.00				1	3	2	0	0	0	0
备注　客户购买				合计			¥	1	3	2	0	0	0	0

第三联：记账联

记账：钟景芳　发料：朱勇杰　领料：张　明　制单：李平平

附图 A-26

（15）13 日，开出转账支票支付广告宣传单印刷费 2 260 元，其中不含税价款为 2 000 元，增值税税额为 260 元（见附图 A-27、附图 A-28）。

3200172130　**江苏增值税专用发票**　No 11335599
3200172130
11335599

发 票 联　　开票日期：2019年12月13日

购货单位	名　称：D市美家整体衣柜有限公司 纳税人识别号：320400109055667788 地址、电话：江苏省D市城南区兴华路8号 86621598 开户行及账号：工商银行D市城南支行 3368877665544332211	密码区	511*92552>758423+13484* 54//8296/+98156<25*457/ 45736787/26584/51874<52 6+6<58542*/+5872<>5<<59

货物或应税劳务名称	规格型号	单位	数量	单价	金额	税率	税额
*劳务*其他劳务	印刷	张	4000	0.50	2000.00	13%	260.00
合　计					2000.00		260.00
价税合计（大写）	人民币⊗ 贰仟贰佰陆拾元整				（小写）¥2260.00		

销货单位	名　称：D市风华印刷有限公司 纳税人识别号：320401958665904875 地址、电话：D市华兴路62号 82507569 开户行及账号：工商银行D市华兴支行 8795498102363236545	备注	（盖章：D市风华印刷有限公司 320401958665904875 发票专用章）

收款人：　复核：　开票人：刘洁　销货单位（章）

第三联：发票联　购货方记账凭证

（盖章：转账付讫）

附图 A-27

中国工商银行
转账支票存根（苏）
XII 67812346
附加信息

出票日期：2019年12月13日

收款人：D市风华印刷厂
金额：¥2260.00
用途：广告宣传单印刷费

单位主管 杨 兴 会计 钟景芳

附图 A-28

（16）13 日，采购员钱立出差回来报销差旅费 1 518 元，出纳补付现金 518 元（见附图 A-29～附图 A-32）。

差旅费报销单

部门 采购部　　2019 年 12 月 13 日　　附件 03 张

出差人				钱立					出差事由		与厂家洽谈采购事项			
出发				到达				交通工具	交通费		出差补贴		其他费用		
月	日	时	地点	月	日	时	地点		单据张数	金额	天数	金额	项目	单据张数	金额
12	3		D市	12	4		K市	火车	1	109.00	2	600.00	住宿费	1	400.00
12	6		K市	12	5		D市	火车	1	109.00	1	300.00	市内车费		
													邮电费		
													办公用品费		
													其他		
合计															
报销总额	人民币（大写）	壹仟伍佰壹拾捌元整							预借旅费	¥1000.00			补领金额	¥518.00	
													退还金额	¥	

现金付讫

附图 A-29

Z1642574E09
2019年12月04日 08:55 开 02 车15B号
G352
D 市 → K 市
¥109.00元
限乘当日当次车
钱立
2501011978****0512

附图 A-30

Z174E096425
2019年12月06日 18:51开 08车10A号
G761
K市 → D 市
¥109.00元
限乘当日当次车
钱立
2501011978****0512

附图 A-31

3200173620　　**江苏增值税普通发票**　　No 13135567

发票联

3300173620
13135567

开票日期：2019年12月06日

购货单位	名　　称：D市美家整体衣柜有限公司 纳税人识别号：320400109055667788 地 址、电 话：江苏省D市城南区兴华路8号 86621598 开户行及账号：工商银行D市城南支行 3368877665544332211	密码区	2457455875684*5424296/ +98125*457/<<5821*96+/ //8562>7<552*23658/+58 72<>5<<5841364517451+3

货物或应税劳务名称	规格型号	单位	数量	单价	金额	税率	税额
*住宿服务*住宿服务		天	2	188.68	377.36	6%	22.64
合　计					377.36		22.64
价税合计（大写）	人民币⊗肆佰元整				（小写）￥400.00		

销货单位	名　　称：K市凯旋国际大酒店 纳税人识别号：330409054397867685 地 址、电 话：浙江省K市复兴路9号 86425975 开户行及账号：工商银行K市复兴支行 3983548795412360265	备注	

收款人：　　复核：　　开票人：林慧慧　　销货单位：（章）

第二联：发票联　购货方记账凭证

附图 A-32

（17）14 日，将按订单加工好的柜板销售给 D 市雅丽衣柜店，柜板总面积 2 000 平方米，均为水曲柳纹，每平方米不含税价格为 90 元，增值税税率为 13%，雅丽衣柜店于当天将该订单的余款 73 400 元存入公司账户（见附图 A-33～附图 A-35）。

3200172130　　**江苏增值税专用发票**　　No 66223378

此联不作报销、扣税凭证使用

3200172130
66223378

开票日期：2019年12月14日

购货单位	名　　称：D市雅丽衣柜店 纳税人识别号：320499203011111233 地址、电话：江苏省D市新城路50号 85101165 开户行及账号：工商银行D市新城支行 3320223344556677889	密码区	+582/8584*54296/+98125* 457/45772456<<584521*96 +//562>7<58/72<>5<<5841 365123542*658743+987/51

货物或应税劳务名称	规格型号	单位	数量	单价	金额	税率	税额
*木制品*单板	18mm水曲柳	平方米	2000	90.00	180000.00	13%	23400.00
合　计					180000.00		23400.00
价税合计（大写）	人民币⊗贰拾万零叁仟肆佰元整				（小写）￥203400.00		

转账收讫

销货单位	名　　称：D市美家整体衣柜有限公司 纳税人识别号：320400109055667788 地 址、电 话：江苏省D市城南区兴华路8号 86621598 开户行及账号：工商银行D市城南支行 3368877665544332211	备注	

收款人：　　复核：　　开票人：李博　　销货单位：（章）

第一联：记账联　销货方记账凭证

附图 A-33

中国工商银行 进 账 单（收账通知）

2019 年 12 月 14 日

出票人	全　称	D市雅丽衣柜店	收款人	全　称	D市美家整体衣柜有限公司
	账　号	3320223344556677889		账　号	3368877665544332211
	开户银行	工商银行D市新区支行		开户银行	工商银行D市城南支行
金额	人民币（大写）	柒万叁仟肆佰元整		亿 千 百 十 万 千 百 十 元 角 分	¥ 7 3 4 0 0 0 0
	票据种类	转账支票			
	票据张数	1			
单位主管　会计　复核　记账				持票人开户行盖章	

中国工商银行D市分行 城南支行 2019.12.14 转讫

附图 A-34

产 成 品 出 库 单　　No 12345322

购货单位：D市雅丽衣柜店　　2019年12月14日　　仓库：产成品仓库

产品名称	规格	计量单位	出库数量	备　注
衣柜柜板	18㎜水曲柳	平方米	2000	
合　计			2000	

第三联 记账联

仓库主管：孙洪江　记账：　发货人：李　新　经办人：林风云

附图 A-35

（18）15 日，开出转账支票由银行代发工资 150 000 元（见附图 A-36、附图 A-37）。

中国工商银行

转账支票存根（苏）

XII 67812347

附加信息

出票日期：2019年 12 月 15日

收款人：本公司员工
金额：¥150000.00
用途：银行代发工资

单位主管 杨　兴　会计 钟景芳

D市美家整体……财务专……

附图 A-36

银行代发工资结算表

单位：D 市美家整体衣柜有限公司　　　　2019 年 12 月 15 日

员工姓名	银行账号	金额（元）
张丰	5837 2382 1593 1863	5 100.00
陈丽	5837 2382 1593 9374	4 800.00
杨兴	5837 2382 1593 8274	3 800.00
……	……	……
合　计		150 000.00

审核：杨　兴　　　　制单：钟景芳

附图 A-37

（19）15 日，公司处理财务部一台旧电脑，原价 3 600 元，已提折旧 3 360 元，出售取得现金 40 元，假设不计算增值税（见附图 A-38～附图 A-40）。

固定资产处置报告单

2019 年 12 月 15 日

固定资产名称	规格型号	单位	数量	预计使用年限	原值(元)	月初折旧(元)	当月应提折旧(元)	预计净残值(元)
台式电脑	联想 6453	台	1	5 年	3600	3300.00	60	0
使用部门	财务部							
固定资产状况	出售							
处理意见	使用部门			固定资产管理部门			主管部门审批	
	同意出售　杨兴			同意出售　陈丽			同意出售　张丰	

附图 A-38

收　款　收　据　　　　No 12345678

2019 年 12 月 15 日

交款单位　李光　　　　收款方式　现金

人民币（大写）肆拾元整　　　　¥ 40.00

收款事由　出售财务部旧电脑（联想 6453）

（印章：江苏省D市美家整体衣柜有限公司　财务专用章）

第三联　记账联

收款单位（财务公章）　　会计　　收款人　李敏　　经手人　李光

附图 A-39

固定资产清理损益计算表

2019 年 12 月 15 日

<table>
<tr><td>固定资产名称</td><td>规格型号</td><td>单位</td><td>数量</td><td colspan="2">清理原因</td></tr>
<tr><td>台式电脑</td><td>联想 6453</td><td>台</td><td>1</td><td colspan="2">即将报废，无法使用</td></tr>
<tr><td colspan="4">固定资产清理借方发生额</td><td colspan="2">固定资产清理贷方发生额</td></tr>
<tr><td colspan="2">清理支出内容</td><td colspan="2">金额（元）</td><td>清理收入内容</td><td>金额（元）</td></tr>
<tr><td colspan="2">账面净值</td><td colspan="2">240.00</td><td>出售价款</td><td>40.00</td></tr>
<tr><td colspan="2"></td><td colspan="2"></td><td></td><td></td></tr>
<tr><td colspan="2">借方合计</td><td colspan="2">240.00</td><td>贷方合计</td><td>40.00</td></tr>
<tr><td colspan="6">固定资产清理 净收益金额：
净损失金额：￥200.00（人民币贰佰元整）</td></tr>
</table>

审核：杨兴　　制单：钟景芳

附图 A-40

（20）16 日，为采购板材，通过转账支票预付 D 市绿意木业有限公司货款 100 000 元（见附图 A-41）。

中国工商银行

转账支票存根（苏）

Ⅻ 67812348

附加信息

出票日期：2019年 12 月 16日

收款人：D 市绿意木业有限公司
金额：￥100000.00
用途：预付货款

单位主管 杨兴　会计 钟景芳

附图 A-41

（21）17 日，从 D 市绿意木业有限公司购入 18mm 胡桃木纹板材 2 000 张，每张板材不含税价格为 121 元，增值税税率为 13%，板材已验收入库。除 16 日预付的货款外，其余货款尚未支付（见附图 A-42、附图 A-43）。

（22）18 日，开出转账支票，向 D 市绿意木业有限公司清偿了购入板材的货款 173 460 元（见附图 A-44）。

3200172130　　**江苏增值税专用发票**　　№ 55223388

3200172130
55223388

发票联　　开票日期：2019年12月17日

购货单位	名　　称：D市美家整体衣柜有限公司 纳税人识别号：320400109055667788 地址、电话：江苏省D市城南区兴华路8号 86621598 开户行及账号：工商银行D市城南支行 3368877665544332211	密码区	15511*9284/552>758423+1 3484*54//8296/+986<25*4 57/457365<<787/26551874 <526+6<58542*/+5872<>59

货物或应税劳务名称	规格型号	单位	数量	单价	金额	税率	税额
*木制品*热固性树脂装饰层压板	18mm胡桃木纹	张	2000	121.00	242000.00	13%	31460.00
合　　计					242000.00		31460.00
价税合计（大写）	人民币⊗ 贰拾柒万叁仟肆佰陆拾元整				（小写）￥273460.00		

销货单位	名　　称：D市绿意木业有限公司 纳税人识别号：320499109012345345 地址、电话：D市平安路80号 86163388 开户行及账号：工商银行D市平安支行 3320212345678905432	备注	D市绿意木业有限公司 320499109012345345 发票专用章

收款人：　　复核：　　开票人：赵初光　　销货单位：（章）

第三联：发票联　购货方记账凭证

附图 A-42

收 料 单　　№ 33221156

材料类别：原材料

收料仓库：材料仓库　　2019 年 12月 17 日

供应单位	D市绿意木业有限公司				发票号：55223388									
材料名称	材料规格	单位	实收数量	单价	金额									
					千	百	十	万	千	百	十	元	角	分
胡桃木纹板材	18mm	张	2000	121.00			2	4	2	0	0	0	0	0
备注				合计		￥	2	4	2	0	0	0	0	0

记账：　　检验：刘宝淑　　收料：陈　迈　　制单：赵　燕

第三联：记账联

附图 A-43

中国工商银行
转账支票存根（苏）
XII 67812349

附加信息

出票日期：2019年 12 月 18日

收款人：D市绿意木业有限公司

金额：￥173460.00

用途：支付货款

单位主管 杨　兴　会计 钟景芳

附图 A-44

（23）28 日，销售给 D 市金湖路美家专卖店柜板总面积 5 500 平方米，其中有 3 000 平方米为水曲柳柜板，另有 2 500 平方米为樱桃木柜板，每平方米不含税价为 80 元，增值税税率为 13%，货款未收（见附图 A-45、附图 A-46）。

3200172130　**江苏增值税专用发票**　No 66223379

此联不作报销、扣税凭证使用　　3200172130　66223379

开票日期：2019年12月28日

购货单位	名称：D市金湖路美家专卖店 纳税人识别号：320499203033333555 地址、电话：江苏省D市新城路30号 86103322 开户行及账号：工商银行D市新区支行 3320112233445512345	密码区	2587451584*54296/+98841 25*457/45772456<<5521*9 6+///8562>7<58542*/+587 2<>5<<584136363+987512/

货物或应税劳务名称	规格型号	单位	数量	单价	金额	税率	税额
*木制品*单板	18mm水曲柳纹	平方米	3000	80.00	240000.00	13%	31200.00
*木制品*单板	18mm樱桃木纹	平方米	2500	80.00	200000.00	13%	26000.00
合计					440000.00		57200.00
价税合计（大写）	人民币⊗肆拾玖万柒仟贰佰元整				（小写）¥497200.00		

销货单位	名称：D市美家整体衣柜有限公司 纳税人识别号：320400109055667788 地址、电话：江苏省D市城南区兴华路8号 86621598 开户行及账号：工商银行D市城南支行 3368877665544332211	备注	

收款人：　复核：　开票人：李博　销货单位：（章）

第一联：记账联　销货方记账凭证

附图 A-45

产成品出库单　No 12345323

购货单位：D市雅丽衣柜店　2019 年 12月 28 日　仓库：产成品仓库

产品名称	规格	计量单位	出库数量	备注
衣柜板	18mm水曲柳纹	平方米	3000	
衣柜板	18mm樱桃木纹	平方米	2500	
合计			5500	

仓库主管：孙洪江　记账：　发货人：李新　经办人：姜大伟

第三联　记账联

附图 A-46

（24）28 日，年底与 D 市金湖路美家专卖店对账后，D 市金湖路美家专卖店开出转账支票支付了所欠全部货款（见附图 A-47）。

中国工商银行 进 账 单（收账通知）

2019 年 12 月 28 日

出票人	全称	D市金湖路美家专卖店	收款人	全称	D市美家整体衣柜有限公司
	账号	3320112233445512345		账号	3368877665544332211
	开户银行	工商银行D市新区支行		开户银行	工商银行D市城南支行
金额	人民币（大写）	伍拾贰万柒仟贰佰元整		亿千百十万千百十元角分	¥52720000
票据种类	转账支票				
票据张数	1				
单位主管　会计　复核　记账				持票人开户行盖章	

中国工商银行D市分行 城南支行 2019.12.28 转讫

附图 A-47

（25）29 日，开出转账支票向 D 市中华慈善总会捐款 5 000 元（见附图 A-48、附图 A-49）。

中国工商银行
转账支票存根（苏）
Ⅻ 67812350
附加信息

出票日期：2019年 12 月 29日

收款人：D 市中华慈善总会
金额：¥5000.00
用途：捐款

单位主管 杨兴　会计 钟景芳

附图 A-48

公益性单位接受捐赠统一收据
UNIFIED INVOICE OF DONATION FOR PUBLIC WELFARE ORGANIZATION

国财 00201　　2019 年 12 月 29 日 Y M D　　(04) No 00351526

捐赠者 Donor：D市美家整体衣柜有限公司

捐赠项目 For Purpose：资助贫困儿童义务教育

捐赠金额（实物价值）Total Amount　大写 in Words：人民币伍仟元整
小写 in Figures：¥5000.00

货币（实物）种类 Currency (Material objects)：人民币

备注 Notes：

接收单位（签章）Receiver's Seal　审核 Verified by　经手人 Handling Person 赵姣燕　支票号 Cheque No 67812350

感谢您的慷慨捐赠！Thank you for your generous donation!

第二联 捐赠者 Second Donor

附图 A-49

（26）29 日，销售给 D 市金城房地产有限公司胡桃木柜板 2 000 平方米，每平方米不含税价为 85 元，增值税税率为 13%，货款尚未收到（见附图 A-50、附图 A-51）。

3200172130　　江苏增值税专用发票　　No 66223380
3200172130
66223380
此联不作报销、扣税凭证使用　　开票日期：2019年12月29日

购货单位：
名称：D市金城房地产有限公司
纳税人识别号：320499106098765667
地址、电话：江苏省D市城中路2号 86608888
开户行及账号：工商银行D市城东支行 3320334455667788990

密码区：
2584*54296/+98125*457/4
5772456<<584521*96+///8
562>7<58542*/+5872<>5<<
584136512365874513+987/

货物或应税劳务名称	规格型号	单位	数量	单价	金额	税率	税额
*木制品*单板	18mm胡桃木	平方米	2000	85.00	170000.00	13%	22100.00
合计					170000.00		22100.00
价税合计（大写）	人民币⊗壹拾玖万贰仟壹佰元整				（小写）¥192100.00		

销货单位：
名称：D市美家整体衣柜有限公司
纳税人识别号：320400109055667788
地址、电话：江苏省D市城南区兴华路8号 86621598
开户行及账号：工商银行D市城南支行 3368877665544332211

备注：

收款人：　复核：　开票人：李博　销货单位：（章）

第一联：记账联 销货方记账凭证

附图 A-50

产成品出库单　　No 12345324

购货单位：D 市金城房地产有限公司　2019 年 12 月 29 日　仓库：产成品仓库

产品名称	规格	计量单位	出库数量	备注
衣柜柜板	18mm 胡桃木	平方米	2000	
合计			2000	

仓库主管：孙洪江　记账：　发货人：李新　经办人：张聪

第三联 记账联

附图 A-51

（27）30 日，仓库年末盘点发现有一桶胶水毁损，每桶单价 500 元（见附图 A-52、附图 A-53）。

盘 存 单　　　　编号：**00012345**

单位名称：D 市美家整体衣柜有限公司　　　　盘点时间：2019 年 12 月 30 日

财产类别：原材料　　　　存放地点：原材料仓库

名称	规格	计量单位	实存数量	单价	金额	备注
胶水	光华 TY421	桶	9	500.00	4500.00	毁损一桶，已无法使用

盘点人（签章）：李敏　　　　保管人（签章）：李新

附图 A-52

实存账存对比表

单位名称：D 市美家整体衣柜有限公司　　　　2019 年 12 月 30 日

名称	规格	计量单位	单价	实存		账存		盘盈		盘亏		备注
				数量	金额	数量	金额	数量	金额	数量	金额	
胶水	光华 TY421	桶	500	9	4500.00	10	5000.00			1	500.00	毁损一桶

盘点人（签章）：李敏　　　　会计（签章）：钟景芳

附图 A-53

（28）30 日，开出转账支票支付 D 市丰华路加油站本月汽油费 2 400 元，该汽油用于两辆货车的送货消耗（见附图 A-54、附图 A-55）。

中国工商银行

转账支票存根（苏）

XII 67812351

附加信息

出票日期：2019年 12 月 30日

收款人：D 市丰华路加油站

金额：￥2400.00

用途：汽油费

单位主管 杨兴　会计 钟景芳

附图 A-54

江苏增值税普通发票

3200173620　　成品油　　No 21234413　　3200173620　21234413

开票日期：2019年12月28日

购货单位	名　　称：D市美家整体衣柜有限公司 纳税人识别号：320400109055667788 地 址、电 话：江苏省D市城南区兴华路8号 86621598 开户行及账号：工商银行D市城南支行 3368877665544332211	密码区	25>7<552*87568457454*5 424296/+98125*417//856 457/<<5821*96+/2284133 658/+587251+<>5<<56453

货物或应税劳务名称	规格型号	单位	数量	单价	金额	税率	税额
*汽油*92号车用汽油		升	377.36	6.00	2264.15	6%	135.85
合　计					2264.15		135.85
价税合计（大写）	人民币⊗贰仟肆佰元整				（小写）¥2400.00		

销货单位	名　　称：D市德兴大酒店 纳税人识别号：320400835006588350 地 址、电 话：江苏省D市公园路9号 88652345 开户行及账号：工商银行D市公园支行 3548795412398366502	备注	

收款人：　　复核：　　开票人：张小慧　　销货单位：（章）

第二联：发票联　购货方记账凭证

附图 A-55

（29）30 日，银行代扣本月生产车间用水费 3 399 元、电费 42 940 元，管理部门用通信费 327 元，均取得增值税专用发票（见附图 A-56～附图 A-61）。

江苏增值税专用发票

3200172130　　No 13513598　　3200172130　13513598

开票日期：2019年12月30日

购货单位	名　　称：D市美家整体衣柜有限公司 纳税人识别号：320400109055667788 地址 、电话：江苏省D市城南区兴华路8号 86621598 开户行及账号：工商银行D市城南支行 3368877665544332211	密码区	511*92552>758423+13484* 54//8296/+98156<25*457/ 45736787/26584/51874<52 6+6<58542*/+5872<>5<<59

货物或应税劳务名称	规格型号	单位	数量	单价	金额	税率	税额
*水冰雪*水费		吨	1000	3.30	3300.00	3%	99.00
合　计					3300.00		99.00
价税合计（大写）	人民币⊗叁仟叁佰玖拾玖元整				（小写）¥3399.00		

销货单位	名　　称：D市自来水有限公司 纳税人识别号：320401959048587566 地 址、电 话：D市华兴路6号 85692507 开户行及账号：工商银行D市华兴支行 8023679549813452365	备注	按简易征收办法计税

收款人：　　复核：　　开票人：刘洁　　销货单位：（章）

第三联：发票联　购货方记账凭证

附图 A-56

3200172130　　**江苏增值税专用发票**　　№ 17325198

3200172130
17325198

发票联　　开票日期：2019年12月30日

购货单位	
名　　称	D市美家整体衣柜有限公司
纳税人识别号	320400109055667788
地址 、 电话	江苏省D市城南区兴华路8号 86621598
开户行及账号	工商银行D市城南支行 3368877665544332211
密码区	511*92552>758423+13484* 54//8296/+98156<25*457/ 45736787/26584/51874<52 6+6<58542*/+5872<>5<<59

货物或应税劳务名称	规格型号	单位	数量	单价	金额	税率	税额
*供电*电力产品	工业用电	千瓦时	50000	0.76	38000.00	13%	4940.00
合　计					38000.00		4940.00
价税合计（大写）	人民币⊗肆万贰仟玖佰肆拾元整				（小写）¥42940.00		

转账付讫

销货单位	
名　　称	国家电网D市供电公司
纳税人识别号	320408765904519586
地址、电 话	D市人民路25号 82569507
开户行及账号	工商银行D市城中支行 5879498163202334565
备注	

收款人：　　复核：　　开票人：刘斌　　销货单位：（章）

（印章：国家电网D市供电公司 320408765904519586 发票专用章）

第三联：发票联　购货方记账凭证

附图 A-57

3200172130　　**江苏增值税专用发票**　　№ 21354519

3200172130
21354519

发票联　　开票日期：2019年12月30日

购货单位	
名　　称	D市美家整体衣柜有限公司
纳税人识别号	320400109055667788
地址 、 电话	江苏省D市城南区兴华路8号 86621598
开户行及账号	工商银行D市城南支行 3368877665544332211
密码区	55811*92552>758<423+134 84*54//8267896/+98156<2 5*457/45737/264/518<574 <526+6<58542*/+572>85<9

货物或应税劳务名称	规格型号	单位	数量	单价	金额	税率	税额
*电信服务*基础电信服务		月	1	300.00	300.00	9%	27.00
合　计					300.00		27.00
价税合计（大写）	人民币⊗叁佰贰拾柒元整				（小写）¥327.00		

转账付讫

销货单位	
名　　称	江苏省电信有限公司D市分公司
纳税人识别号	320401586694875905
地 址、电 话	D市城中路15号 82550769
开户行及账号	工商银行D市华兴支行 4987958102362363545
备注	

收款人：　　复核：　　开票人：刘娟　　销货单位：（章）

（印章：江苏省电信有限公司D市分公司 320401586694875905 发票专用章）

第三联：发票联　购货方记账凭证

附图 A-58

委托银行收款结算凭证(支款通知)

委邮　　委托日期　2019 年 12 月 30 日　　委托号码：第 1582 号

付款人			收款人		
付款人	全　称	D 市美家整体衣柜有限公司	收款人	全　称	D 市自来水有限公司
	账　号	3368877665544332211		账　号	12512345123451234 5
	开户银行	工商银行 D 市城南支行		开户银行	工商银行 D 市城中支行

托收金额	人民币(大写)	叁仟叁佰玖拾玖元整	千	百	十	万	千	百	十	元	角	分
						¥	3	3	9	9	0	0

款项内容	水费	委托收款凭据名称	增值税专用发票	附寄单证张数	1 张

备注：

付款人注意：

1．根据结算办法规定，分理处托收款，在付款期限内未拒付时，即视同全部同意付款。
2．如需提前付款或多付款时，应另写书面通知送银行办理。
3．如系全部拒付或部分拒付，应在付款期限内另填拒绝付款理由书送银行办理。

此联是付款人开户银行给付款人按时付款通知

附图 A-59

委托银行收款结算凭证(支款通知)

委邮　　委托日期　2019 年 12 月 30 日　　委托号码：第 2049 号

付款人			收款人		
付款人	全　称	D 市美家整体衣柜有限公司	收款人	全　称	国家电网 D 市供电公司
	账　号	3368877665544332211		账　号	1255432154321543 21
	开户银行	工商银行 D 市城南支行		开户银行	工商银行 D 市城中支行

托收金额	人民币(大写)	肆万贰仟玖佰肆拾元整	千	百	十	万	千	百	十	元	角	分
					¥	4	2	9	4	0	0	0

款项内容	电费	委托收款凭据名称	增值税专用发票	附寄单证张数	1 张

备注：

付款人注意：

1．根据结算办法规定，分理处托收款，在付款期限内未拒付时，即视同全部同意付款。
2．如需提前付款或多付款时，应另写书面通知送银行办理。
3．如系全部拒付或部分拒付，应在付款期限内另填拒绝付款理由书送银行办理。

此联是付款人开户银行给付款人按时付款通知

附图 A-60

委托银行收款结算凭证(支款通知)

委邮　　委托日期　2019 年 12 月 30 日　　委托号码：第 2963 号

付款人			收款人		
付款人	全　称	D 市美家整体衣柜有限公司	收款人	全　称	中国电信股份有限公司 D 市分公司
	账　号	3368877665544332211		账　号	12598765432112345
	开户银行	工商银行 D 市城南支行		开户银行	工商银行 D 市城中支行

托收金额	人民币(大写)	叁佰贰拾柒元整	千	百	十	万	千	百	十	元	角	分
							¥	3	2	7	0	0

款项内容	通讯费	委托收款凭据名称	增值税专用发票	附寄单证张数	1 张

备注：

付款人注意：

1．根据结算办法规定，分理处托收款，在付款期限内未拒付时，即视同全部同意付款。
2．如需提前付款或多付款时，应另写书面通知送银行办理。
3．如系全部拒付或部分拒付，应在付款期限内另填拒绝付款理由书送银行办理。

此联是付款人开户银行给付款人按时付款通知

附图 A-61

（30）30 日，以现金支付业务招待费 1 100 元，取得增值税普通发票（见附图 A-62）。

3200173620　　江苏增值税普通发票　　№ 23112344

发票联

3200173620
23112344

开票日期：2019年12月30日

购货单位	名称：D市美家整体衣柜有限公司 纳税人识别号：320400109055667788 地址、电话：江苏省D市城南区兴华路8号 86621598 开户行及账号：工商银行D市城南支行 3368877665544332211	密码区	2587568457454*5424296/ +98125*417457/<<5821*9 6+///8562>7<552*284133 658/+5872<>5<<564551+3

货物或应税劳务名称	规格型号	单位	数量	单价	金额	税率	税额
*餐饮服务*餐饮服务		次	1	1037.74	1037.74	6%	62.26
合计					1037.74		62.26
价税合计（大写）	人民币⊗壹仟壹佰元整				（小写）¥1100.00		

销货单位	名称：D市德兴大酒店 纳税人识别号：320400835006588350 地址、电话：江苏省D市公园路9号 88652345 开户行及账号：工商银行D市公园支行 3548795412398366502	备注	D市德兴大酒店 320400835006588 发票专用章

收款人：　　复核：　　开票人：张小慧　　销货单位：（章）

第二联：发票联 购货方记账凭证

现金付讫

附图 A-62

（31）31 日，开出现金支票，从银行提取现金 3 000 元备用（见附图 A-63）。

（32）31 日，经查，盘亏毁损的胶水是包装破裂受潮造成的，经批准同意转作营业外支出，假设不计算增值税（见附图 A-64）。

中国工商银行
现金支票存根（苏）
XII72345432

附加信息

出票日期：2019年12月31日

收款人：D市美家整体衣柜有限公司
金额：¥3000.00
用途：备用

单位主管 杨兴　会计 钟景芳

附图 A-63

关于本月盘点情况的处理意见

经盘点，发现本月原材料仓库有一桶胶水毁损，经查系包装破裂受潮所致，经公司经理办公会讨论，同意转作营业外支出处理。

特此通知

D市美家整体衣柜有限公司
2019年12月31日

附图 A-64

（33）31 日，进行材料费用核算（见附图 A-65～附图 A-69）。

D 市美家整体衣柜有限公司 12 月仓库发出材料汇总表

2019 年 12 月 01 日至 2019 年 12 月 31 日　　附领料单 04 张

材料 \ 项目		胡桃木柜板	水曲柳柜板	樱桃木柜板	一般性耗用	合计金额（元）
胡桃木板材	数量（张）	1 000				
	单价（元/张）	121.00				
	金额（元）	121 000.00				121 000.00
水曲柳板材	数量（米）		2 300			
	单价（元/米）		132.00			
	金额（元）		303 600.00			303 600.00
樱桃木板材	数量（张）			1 100		
	单价（元/张）			132.00		
	金额（元）			145 200.00		145 200.00
胡桃木封边	数量（卷）	113.75				
	单价（元/卷）	40.00				
	金额（元）	4 550.00				4 550.00
水曲柳封边	数量（卷）		269.25			
	单价（元/卷）		40.00			
	金额（元）		10 770.00			10 770.00
樱桃木封边	数量（卷）			120		
	单价（元/卷）			40.00		
	金额（元）			4 800.00		4 800.00
胶水	数量（袋）				20	
	单价（元/袋）				500.00	
	金额（元）				10 000.00	10 000.00
背板	数量（张）				730	
	单价（元/张）				60.00	
	金额（元）				43 800.00	43 800.00
合计金额（元）		125 550.00	314 370.00	150 000.00	53 800.00	643 720.00

会计主管：杨兴　　制单：钟景芳

附图 A-65

领料单

No 55331122

材料科目：原材料
领料部门：制造部
用　　途：生产柜板　　2019年12月2日　　材料类别：

材料名称	材料规格	单位	实发数量	单价	千	百	十	万	千	百	十	元	角	分
板材	18mm水曲柳纹	张	1000.00	132.00			1	3	2	0	0	0	0	0
封边	水曲柳纹	卷	100.00	40.00					4	0	0	0	0	0
背板		张	300.00	60.00				1	8	0	0	0	0	0
胶水		袋	8.00	500.00					4	0	0	0	0	0
备注				合计		¥	1	5	8	0	0	0	0	0

（金额）

第三联：记账联

记账：钟景芳　　发料：朱勇杰　　领料：张明　　制单：李平平

附图 A-66

领料单

No 55331123

材料科目：原材料
领料部门：制造部
用　　途：生产订单柜板　　2019年12月6日　　材料类别：

材料名称	材料规格	单位	实发数量	单价	金额									
					千	百	十	万	千	百	十	元	角	分
板材	18mm水曲柳纹	张	1300.00	132.00			1	7	1	6	0	0	0	0
封边	水曲柳纹	卷	169.25	40.00					6	7	7	0	0	0
背板		张	100.00	60.00					6	0	0	0	0	0
胶水		袋	2.00	500.00					1	0	0	0	0	0
备注				合计		¥	1	8	5	3	7	0	0	0

第三联：记账联

记账：钟景芳　　发料：朱勇杰　　领料：张明　　制单：李平平

附图 A-67

领料单

No 55331124

材料科目：原材料
领料部门：制造部
用　　途：生产订单柜板　　2019年12月12日　　材料类别：

材料名称	材料规格	单位	实发数量	单价	金额									
					千	百	十	万	千	百	十	元	角	分
板材	18mm胡桃木纹	张	1000.00	121.00			1	2	1	0	0	0	0	0
封边	胡桃木纹	卷	113.75	40.00					4	5	5	0	0	0
背板		张	200.00	60.00				1	2	0	0	0	0	0
胶水		袋	4.00	500.00					2	0	0	0	0	0
备注				合计		¥	1	3	9	5	5	0	0	0

第三联：记账联

记账：钟景芳　　发料：朱勇杰　　领料：张明　　制单：李平平

附图 A-68

领料单

No 55331126

材料科目：原材料
领料部门：制造部
用　　途：生产柜板　　2019年12月19日　　材料类别：

材料名称	材料规格	单位	实发数量	单价	金额									
					千	百	十	万	千	百	十	元	角	分
板材	18mm樱桃木纹	张	1100.00	132.00			1	4	5	2	0	0	0	0
封边	樱桃木纹	卷	120.00	40.00					4	8	0	0	0	0
背板		张	130.00	60.00					7	8	0	0	0	0
胶水		袋	6.00	500.00					3	0	0	0	0	0
备注				合计		¥	1	6	0	8	0	0	0	0

第三联：记账联

记账：钟景芳　　发料：朱勇杰　　领料：张明　　制单：李平平

附图 A-69

（34）31 日，结算本月应付职工工资 140 000 元，其中生产工人工资 84 000 元，车间管理人员工资 20 000 元，行政管理部门人员工资 36 000 元。生产工人的工资按三种产品的产量进行分配（胡桃木柜板产量 2 700 平方米，水曲柳柜板产量 6 300 平方米，樱桃木柜板产量 3 000 平方米）（见附图 A-70）。

工资费用分配表

2019 年 12 月 31 日　　单位：元

部　门		金　额
生产车间	胡桃木柜板生产工人工资	18 900.00
	水曲柳柜板生产工人工资	44 100.00
	樱桃木柜板生产工人工资	21 000.00
	车间管理人员工资	20 000.00
行政管理部门人员工资		36 000.00
工 资 费 用 合 计		140 000.00

审核：杨 兴　　制单：钟景芳

附图 A-70

（35）31 日，计提应当为职工缴纳的社会保险金和住房公积金。基本养老保险按工资总额的16%计提，基本医疗保险按工资总额的 9%计提，住房公积金按工资总额的 10%计提（见附图 A-71）。

社保基金和住房公积金费用分配表

2019 年 12 月 31 日　　单位：元

部门和项目		工资总额	社会保险和住房公积金			
			养老保险	医疗保险	住房公积金	合计
生产车间	胡桃木柜板	18 900.00	3 024.00	1 701.00	1 890.00	6,615.00
	水曲柳柜板	44 100.00	7 056.00	3 969.00	4 410.00	15,435.00
	樱桃木柜板	21 000.00	3 360.00	1 890.00	2 100.00	7,350.00
	车间管理部门	20 000.00	3 200.00	1 800.00	2 000.00	7,000.00
行 政 管 理 部 门		36,000.00	5 760.00	3 240.00	3 600.00	12 600.00
合　计		140,000.00	22 400.00	12 600.00	14 000.00	49 000.00

审核：杨 兴　　制单：钟景芳

附图 A-71

（36）31 日，经计算本月固定资产折旧费为 11 940 元，其中制造部的机器设备等固定资产应提折旧 10 000 元，公司管理部门应提折旧 1 940 元（见附图 A-72）。

固定资产折旧计算表

2019 年 12 月 31 日

项目	固定资产类别	原值（元）	折旧方法	使用年限	月折旧额（元）
制造部	房屋及构筑物	2 578 125.00	平均年限法	50	4 125.00
	机械设备	718 750.00	平均年限法	10	5 750.00
	电子设备	9 375.00	平均年限法	6	125.00
	小　计				10 000.00
管理部门	房屋及构筑物	625 000.00	平均年限法	50	1 000.00
	机械设备	93 750.00	平均年限法	10	750.00
	电子设备	14 250.00	平均年限法	6	190.00
	小　计				1 940.00
合　计					11 940.00

会计主管：杨 兴　　制单：钟景芳

附图 A-72

（37）31 日，计提应由本月负担的短期借款利息 1 500 元（见附图 A-73）。

借 款 利 息 计 算 表

2019 年 12 月 31 日

项　目	借款本金（元）	年利率	借款期限	应付利息（元）
短期借款	300 000.00	6%	2019.12.02—2020.05.02	1 500.00
合　计	300 000.00			1 500.00

会计主管：杨　兴　　　　制单：钟景芳

附图 A-73

（38）31 日，按本月加工的三种板材的产量分配本月制造费用。胡桃木柜板生产完工 2 700 平方米，水曲柳柜板生产完工 6 300 平方米，樱桃木柜板生产完工 3 000 平方米（见附图 A-74）。

制造费用分配表

年　月　日

产品名称	产品产量（平方米）	制造费用分配率（元/平方米）	分配金额（元）
合　计			

会计主管：　　　　制单：

附图 A-74

（39）31 日，结转完工产品成本。胡桃木柜板月末有在产品 950 元，其他柜板全部完工（见附图 A-75～附图 A-78）。

完工产品成本计算表

年　月　日　　　　单位：元

成本项目	月初在产品成本	本月生产成本			月末在产品成本	完工产品总成本	完工产品产量（m^2）	完工产品单位成本
		直接材料	直接人工	制造费用				
合计								

会计主管：　　　　制单：

附图 A-75

产成品入库单　No 12345678

交库单位：制造部　2019 年 12 月 12 日　仓库：产成品仓库

产品名称	规格	计量单位	交库数量	备注
衣柜柜板	18mm 胡桃木	平方米	2700	
合计				

第三联 记账联

车间负责人：林华　仓库管理员：孙洪江　制单：陈迈

附图 A-76

产成品入库单　No 12345679

交库单位：制造部　2019 年 12 月 20 日　仓库：产成品仓库

产品名称	规格	计量单位	交库数量	备注
衣柜柜板	18mm 水曲柳	平方米	6300	
合计				

第三联 记账联

车间负责人：林华　仓库管理员：孙洪江　制单：陈迈

附图 A-77

产成品入库单　No 12345680

交库单位：制造部　2019 年 12 月 24 日　仓库：产成品仓库

产品名称	规格	计量单位	交库数量	备注
衣柜柜板	18mm 樱桃木	平方米	3000	
合计				

第三联 记账联

车间负责人：林华　仓库管理员：孙洪江　制单：陈迈

附图 A-78

（40）31 日，结转本月销售商品成本，库存商品按全月一次加权平均法计价（见附图 A-79）。

产品销售成本计算表

年　月　日

成本项目	期初结存成本(元)	期初结存数量(米^2)	本期入库成本(元)	本期入库数量(米^2)	加权平均单位成本(元/米^2)	销售数量(米^2)	销售成本(元)
合计							

会计主管：　　　　制单：

附图 A-79

（41）31 日，根据规定计提应由本企业负担的城市维护建设税 4 788 元和教育费附加 2 736 元（见附图 A-80）。

应交城市维护建设税、教育费附加计算表

2019 年 12 月 31 日

项目	计税依据（元）	适用税率	金额（元）
应交城市维护建设税	68 400.00	7%	4 788.00
应交教育费附加	68 400.00	4%	2 736.00
合计	—	—	7 524.00

会计王管：杨兴　　　　制单：钟景芳

附图 A-80

（42）公司于 10 月份购入上市公司 A 公司股票 100 000 股，每股 3 元，到 11 月底该股票价格为 2.5 元/股，12 月底该股票价格为 2.8 元/股（见附图 A-81）。

交易性金融资产公允价值变动计算表

2019 年 12 月 31 日

交易性金融资产	数量（股）	账面成本（元）	上月末市价（元/股）	本月末市价（元/股）	本月公允价值变动额（元）
森林股份	100 000	300 000.00	2.50	2.80	30 000

会计主管：杨兴　　　　制单：钟景芳

附图 A-81

（43）31 日，按应收账款年末余额的 3%计提应收账款的坏账准备（见附图 A-82）。

坏账准备计算表

2019 年 12 月 31 日　　　　单位：元

应收账款年末余额	坏账准备计提比例	坏账准备年末应有余额	坏账准备计提前余额	年末应计提坏账准备金额

会计主管：　　　　制单：

附图 A-82

（44）31 日，结转损益类账户。

（45）31 日，按利润总额 25%计提所得税，无其他企业所得税调整事项（见附图 A-83）。

应交所得税计算表

年　月　日　　　　单位：元

本月会计利润	纳税调整	应交所得额	税率（%）	应交所得税额
	—			

会计主管：　　　　制单：

附图 A-83

（46）31 日，结转所得税费用。

（47）31 日，年末结转全年实现的净利润（见附图 A-84）。

净利润计算表

年　月　日　　　　单位：元

1—11 月份净利润	12 月份净利润	全年净利润

会计主管：　　　　制单：

附图 A-84

（48）31 日，公司上年无未弥补亏损，按本年净利润的 10%提取法定盈余公积（见附图 A-85）。

法定盈余公积计算表

年　月　日　　　　单位：元

项目	本年净利润	计提率	金额	备注

会计主管：　　　　制单：

附图 A-85

（49）31 日，结转“利润分配”明细账。

附录 B　原始凭证资料

各原始凭证资料见附图 B-1～附图 B-9。

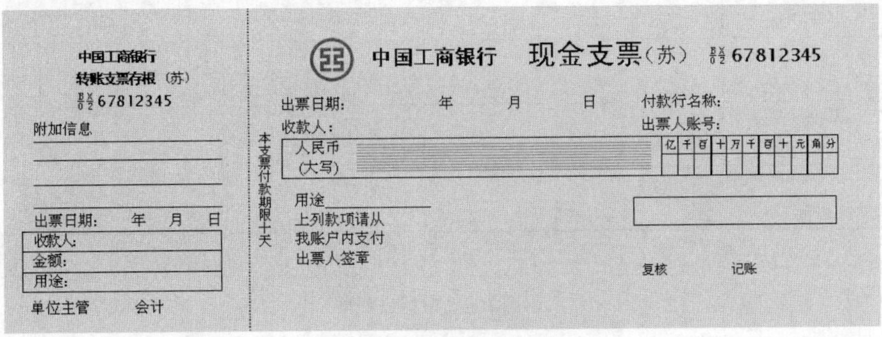

中国工商银行
转账支票存根（苏）
$\frac{BX}{02}$ 67812345
附加信息
出票日期：　年　月　日
收款人：
金额：
用途：
单位主管　会计

本支票付款期限十天

中国工商银行　现金支票（苏）　$\frac{BX}{02}$ 67812345
出票日期：　年　月　日　付款行名称：
收款人：　出票人账号：
人民币（大写）　亿 千 百 十 万 千 百 十 元 角 分
用途
上列款项请从
我账户内支付
出票人签章
复核　记账

附图 B-1　现金支票

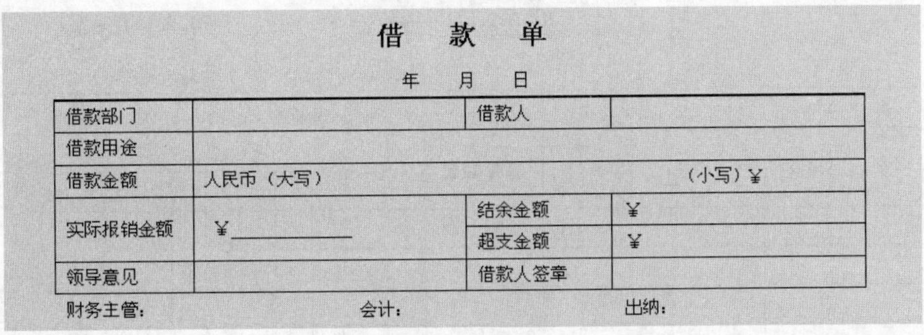

借　款　单

年　月　日

借款部门		借款人	
借款用途			
借款金额	人民币（大写）　（小写）¥		
实际报销金额	¥	结余金额	¥
		超支金额	¥
领导意见		借款人签章	

财务主管：　会计：　出纳：

附图 B-2　借款单

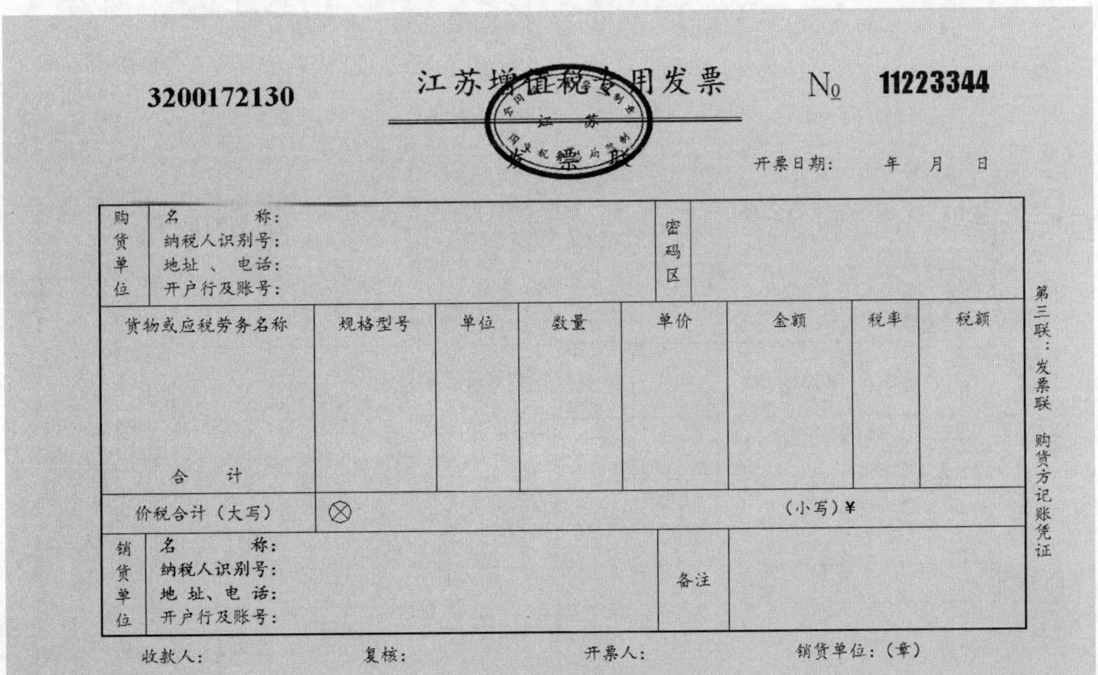

3200172130　江苏增值税专用发票　№ 11223344

发票联

开票日期：　年　月　日

购货单位	名　称： 纳税人识别号： 地址、电话： 开户行及账号：	密码区	

货物或应税劳务名称	规格型号	单位	数量	单价	金额	税率	税额
合　计							
价税合计（大写）	⊗			（小写）¥			

销货单位	名　称： 纳税人识别号： 地址、电话： 开户行及账号：	备注	

收款人：　复核：　开票人：　销货单位：（章）

第三联：发票联　购货方记账凭证

附图 B-3　增值税专用发票

中国工商银行 进 账 单（回 单）

年　月　日

出票人	全　称		收款人	全　称	
	账　号			账　号	
	开户银行			开户银行	

金额	人民币（大写）	亿	千	百	十	万	千	百	十	元	角	分

票据种类		
票据张数		
单位主管　会计　复核　记账		持票人开户行盖章

附图 B-4　银行进账单

产成品出库单　　No **88776655**

年　月　日　　仓库：

购货单位					发票号：									
产品名称	规格	单位	出库数量	单价	金额									
					千	百	十	万	千	百	十	元	角	分
备注				合计										

第三联：记账联

仓库主管：　记账：　发货人：　经办人：

附图 B-5　产成品出库单

收 料 单　　No **11223355**

材料类别：
收料仓库：　　年　月　日

供应单位					发票号：									
材料名称	材料规格	单位	实收数量	单价	金额									
					千	百	十	万	千	百	十	元	角	分
备注				合计										

第三联：记账联

记账：　检验：　收料：　制单：

附图 B-6　收料单

中国工商银行
转账支票存根（苏）
$\frac{BZ}{02}$12345678

附加信息

出票日期：　年　月　日

收款人：
金额：
用途：

单位主管　　会计

本支票付款期限十天

中国工商银行　转账支票（苏）　$\frac{BZ}{02}$12345678

出票日期：　　年　　月　　日　　付款行名称：
收款人：　　出票人账号：

人民币（大写）	亿	千	百	十	万	千	百	十	元	角	分

用途______
上列款项请从
我账户内支付
出票人签章

复核　　记账

附图 B-7　转账支票

领 料 单

No 66442200

材料科目：
领料部门：
用　　途：　　　年　月　日　　　材料类别：

材料名称	材料规格	单位	实发数量	单价	金额									
					千	百	十	万	千	百	十	元	角	分
备注				合计										

第三联：记账联

记账：　　发料：　　领料：　　制单：

附图 B-8　领料单

收 款 收 据

No 12345678

年　月　日

交款单位______收款方式______
人民币（大写）______¥______
收款事由______

第三联　记账联

收款单位（财务公章）　　会计　　收款人　　经手人

附图 B-9　收款收据

参考文献

[1] 财政部会计资格评价中心. 初级会计实务[M]. 北京：经济科学出版社，2017.

[2] 蒋泽生. 基础会计模拟实训[M]. 北京. 中国人民大学出版社，2016.

[3] 陈文铭，陈艳. 基础会计习题与案例[M]. 大连. 东北财经大学出版社，2016.

[4] 薛小荣，郭西强. 基础会计学[M]. 上海. 立信会计出版社，2016.

[5] 高翠莲. 会计职业认知与基本技能训练[M]. 北京：中国人民大学出版社，2010.

[6] 马涛. 基础会计实训[M]. 北京：机械工业出版社，2016.

[7] 邵珍珍. 会计基本技能实训指导[M]. 北京：经济管理出版社，2015.